MULHERES ESG

Cases na Prática

Edição Poder de uma Mentoria

Volume 2

Copyright© 2024 by Editora Leader
Todos os direitos da primeira edição são reservados à Editora Leader.

CEO e Editora-chefe:	Andréia Roma
Revisão:	Editora Leader
Capa:	Editora Leader
Projeto gráfico e editoração:	Editora Leader
Suporte editorial:	Lais Assis
Livrarias e distribuidores:	Liliana Araújo
Artes e mídias:	Equipe Leader
Diretor financeiro:	Alessandro Roma

Dados Internacionais de Catalogação na Publicação (CIP)

M922 Mulheres ESG: edição poder de uma mentoria: cases na prática, volume 1/
1. ed. coordenadoras convidadas Dani Verdugo e Juliana Oliveira Nascimento. –
1.ed. – São Paulo: Editora Leader, 2024.

288 p.; 15,5 x 23 cm. – (Série mulheres/coordenadora Andréia Roma)

Várias autoras
ISBN: 978-85-5474-211-9

1. Carreira profissional – Administração. 2. Governança corporativa.
3. Liderança. 4. Mulheres empresárias. 5. Mulheres – Histórias de vidas.
I. Roma, Andréia. II. Verdugo, Dani. III. Moura, Tania. IV. Série.

06-2024/63   CDD 658.92072

Índices para catálogo sistemático:
1. Mulheres empresárias : Carreira profissional: Administração:
Histórias de vida   658.92072

Bibliotecária responsável: Aline Graziele Benitez CRB-1/3129

2024

Editora Leader Ltda.
Rua João Aires, 149
Jardim Bandeirantes – São Paulo – SP
Contatos:
Tel.: (11) 95967-9456
contato@editoraleader.com.br | www.editoraleader.com.br

    A Editora Leader, pioneira na busca pela igualdade de gênero, vem traçando suas diretrizes em atendimento à Agenda 2030 – plano de Ação Global proposto pela ONU (Organização das Nações Unidas) –, que é composta por 17 Objetivos de Desenvolvimento Sustentável (ODS) e 169 metas que incentivam a adoção de ações para erradicação da pobreza, proteção ambiental e promoção da vida digna no planeta, garantindo que as pessoas, em todos os lugares, possam desfrutar de paz e prosperidade.

    A Série Mulheres, dirigida pela CEO da Editora Leader, Andréia Roma, tem como objetivo transformar histórias reais – de mulheres reais – em autobiografias inspiracionais, cases e aulas práticas. Os relatos das autoras, além de inspiradores, demonstram a possibilidade da participação plena e efetiva das mulheres no mercado. A ação está alinhada com o ODS 5, que trata da igualdade de gênero e empoderamento de todas as mulheres e meninas e sua comunicação fortalece a abertura de oportunidades para a liderança em todos os níveis de tomada de decisão na vida política, econômica e pública.

Conheça o Selo Editorial Série Mulheres®

Somos referência no Brasil em iniciativas Femininas no Mundo Editorial

A Série Mulheres é um projeto registrado em mais de 170 países!
A Série Mulheres apresenta mulheres inspiradoras, que assumiram seu protagonismo para o mundo e reconheceram o poder das suas histórias, cases e metodologias criados ao longo de suas trajetórias. Toda mulher tem uma história!
Toda mulher um dia já foi uma menina. Toda menina já se inspirou em uma mulher. Mãe, professora, babá, dançarina, médica, jornalista, cantora, astronauta, aeromoça, atleta, engenheira. E de sonho em sonho sua trajetória foi sendo construída. Acertos e erros, desafios, dilemas, receios, estratégias, conquistas e celebrações.

O que é o Selo Editorial Série Mulheres®?
A Série Mulheres é um Selo criado pela Editora Leader e está registrada em mais de 170 países, com a missão de destacar publicações de mulheres de várias áreas, tanto em livros autorais como coletivos. O projeto nasceu dez anos atrás, no coração da editora Andréia Roma, e já se destaca com vários lançamentos. Em 2015 lançamos o livro "Mulheres Inspiradoras", e a seguir vieram outros, por exemplo: "Mulheres do Marketing", "Mulheres Antes e Depois dos 50",

seguidos por "Mulheres do RH", "Mulheres no Seguro", "Mulheres no Varejo", "Mulheres no Direito", "Mulheres nas Finanças", obras que têm como foco transformar histórias reais em autobiografias inspiracionais, cases e metodologias de mulheres que se diferenciam em sua área de atuação. Além de ter abrangência nacional e internacional, trata-se de um trabalho pioneiro e exclusivo no Brasil e no mundo. Todos os títulos lançados através desta Série são de propriedade intelectual da Editora Leader, ou seja, não há no Brasil nenhum livro com título igual aos que lançamos nesta coleção. Além dos títulos, registramos todo conceito do projeto, protegendo a ideia criada e apresentada no mercado.

A Série tem como idealizadora Andréia Roma, CEO da Editora Leader, que vem criando iniciativas importantes como esta ao longo dos anos, e como coordenadora Tania Moura. No ano de 2020 Tania aceitou o convite não só para coordenar o livro "Mulheres do RH", mas também a Série Mulheres, trazendo com ela sua expertise no mundo corporativo e seu olhar humano para as relações. Tania é especialista em Gente & Gestão, palestrante e conselheira em várias empresas. A Série Mulheres também conta com a especialista em Direito dra. Adriana Nascimento, coordenadora jurídica dos direitos autorais da Série Mulheres, além de apoiadores como Sandra Martinelli – presidente executiva da ABA e embaixadora da Série Mulheres, e também Renato Fiocchi – CEO do Grupo Gestão RH. Contamos ainda com o apoio de Claudia Cohn, Geovana Donella, Dani Verdugo, Cristina Reis, Isabel Azevedo, Elaine Póvoas, Jandaraci Araujo, Louise Freire, Vânia Íris, Milena Danielski, Susana Jabra.

Série Mulheres, um Selo que representará a marca mais importante, que é você, Mulher!

Você, mulher, agora tem um espaço só seu para registrar sua voz e levar isso ao mundo, inspirando e encorajando mais e mais mulheres.

Acesse o QRCode e preencha a Ficha da Editora Leader.
Este é o momento para você nos contar um pouco de sua história e área em que gostaria de publicar.

Qual o propósito do Selo Editorial Série Mulheres®?
É apresentar autobiografias, metodologias, *cases* e outros temas, de mulheres do mundo corporativo e outros segmentos, com o objetivo de inspirar outras mulheres e homens a buscarem a buscarem o sucesso em suas carreiras ou em suas áreas de atuação, além de mostrar como é possível atingir o equilíbrio entre a vida pessoal e profissional, registrando e marcando sua geração através do seu conhecimento em forma de livro.

A ideia geral é convidar mulheres de diversas áreas a assumirem o protagonismo de suas próprias histórias e levar isso ao mundo, inspirando e encorajando cada vez mais e mais mulheres a irem em busca de seus sonhos, porque todas são capazes de alcançá-los.

Programa Série Mulheres na tv
Um programa de mulher para mulher idealizado pela CEO da Editora Leader, Andréia Roma, que aborda diversos temas com inovação e qualidade, sendo estas as palavras-chave que norteiam os projetos da Editora Leader. Seguindo esse conceito, Andréia, apresentadora do Programa Série Mulheres, entrevista mulheres de várias áreas com foco na transformação e empreendedorismo feminino em diversos segmentos.

A TV Corporativa Gestão RH abraçou a ideia de ter em seus diversos quadros o Programa Série Mulheres. O CEO da Gestão RH, Renato Fiochi, acolheu o projeto com muito carinho.

A TV, que conta atualmente com 153 mil assinantes, é um canal de *streaming* com conteúdos diversos voltados à Gestão de Pessoas, Diversidade, Inclusão, Transformação Digital, Soluções, Universo RH, entre outros temas relacionados às organizações e a todo o mercado.

Além do programa gravado Série Mulheres na TV Corporativa Gestão RH, você ainda pode contar com um programa de *lives* com transmissão ao vivo da Série Mulheres, um espaço reservado todas as quintas-feiras a partir das 17 horas no canal do YouTube da Editora Leader, no qual você pode ver entrevistas ao vivo, com executivas de diversas áreas que participam dos livros da Série Mulheres.

Somos o único Selo Editorial registrado no Brasil e em mais de 170 países que premia mulheres por suas histórias e metodologias com certificado internacional e o troféu Série Mulheres – Por mais Mulheres na Literatura.

Assista ao lançamento do Livro Mulheres no Seguro:
Marque as pessoas ao seu redor com amor, seja exemplo de compaixão.
Da vida nada se leva, mas deixamos uma marca.
Que marca você quer deixar? Pense nisso!
Série Mulheres – Toda mulher tem uma história!

Assista ao lançamento do Livro Mulheres que Transformam:

Próximos Títulos da Série Mulheres

Conheça alguns dos livros que estamos preparando para lançar: • Mulheres no Previdenciário • Mulheres no Direito de Família • Mulheres no Transporte • Mulheres na Aviação • Mulheres na Política • Mulheres na Comunicação e muito mais.

Se você tem um projeto com mulheres, apresente para nós.

Qualquer obra com verossimilhança, reproduzida como no Selo Editorial Série Mulheres®, pode ser considerada plágio e sua retirada do mercado. Escolha para sua ideia uma Editora séria. Evite manchar sua reputação com projetos não registrados semelhantes ao que fazemos. A seriedade e ética nos elevam ao sucesso.

Alguns dos Títulos do Selo Editorial
Série Mulheres já publicados pela Editora Leader:

Lembramos que todas as capas são criadas por artistas e designers.

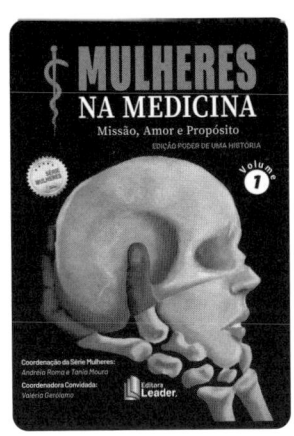

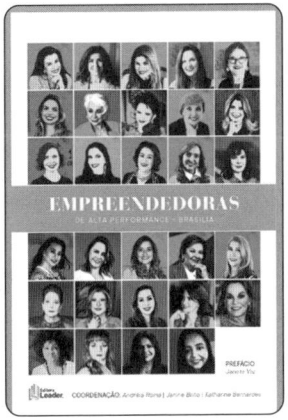

SOBRE A METODOLOGIA DA SÉRIE MULHERES®

A Série Mulheres trabalha com duas metodologias

"A primeira é a Série Mulheres – Poder de uma História: nesta metodologia orientamos mulheres a escreverem uma autobiografia inspiracional, valorizando suas histórias.

A segunda é a Série Mulheres Poder de uma Mentoria: com esta metodologia orientamos mulheres a produzirem uma aula prática sobre sua área e setor, destacando seu nicho e aprendizado.

Imagine se aos 20 anos de idade tivéssemos a oportunidade de ler livros como estes!

Como editora, meu propósito com a Série é apresentar autobiografias, metodologias, cases e outros temas, de mulheres do mundo corporativo e outros segmentos, com o objetivo de inspirar outras mulheres a buscarem ser suas melhores versões e realizarem seus sonhos, em suas áreas de atuação, além de mostrar como é possível atingir o equilíbrio entre a vida pessoal e profissional, registrando e marcando sua geração através do seu conhecimento em forma de livro. Serão imperdíveis os títulos publicados pela Série Mulheres!

Um Selo que representará a marca mais importante que é você, Mulher!"

Andréia Roma – CEO da Editora Leader

CÓDIGO DE ÉTICA
DO SELO EDITORIAL
SÉRIE MULHERES®

Acesse o QRCode e confira

Nota da editora

Lançar "Mulheres ESG® – Cases na Prática" não foi uma tarefa fácil, mas é com imenso orgulho que compartilhamos este volume de sucesso. Este livro é muito mais do que uma coleção de estudos de caso; é a cristalização de um projeto que eleva e celebra a voz da mulher no campo do ESG (*Environmental, Social and Governance*).

As mulheres convidadas para contribuir com este livro não são apenas especialistas em suas áreas; são visionárias que usaram seu conhecimento e experiência para impulsionar práticas sustentáveis e éticas dentro de suas organizações e comunidades. Cada capítulo revela um *case* prático, detalhando os desafios enfrentados e as soluções inovadoras implementadas, refletindo a expertise e a dedicação de cada autora.

É com profundo agradecimento que reconheço nossa coordenadora, Dani Verdugo, que nos acompanha desde o início deste tema a meu convite, e a querida Juliana Nascimento, convidada para nos apoiar neste segundo volume, porque com a participação dessas duas profissionais fechamos esta obra com chave de ouro.

O valor deste livro estende-se além de suas páginas. Ele serve como uma fonte de inspiração e um guia prático para outras profissionais que aspiram a fazer a diferença no mundo do ESG. Através desses relatos poderosos, demonstramos que a liderança feminina não apenas enriquece o diálogo sobre práticas sustentáveis, mas também é essencial para a evolução e a implementação eficaz de estratégias ESG.

O Selo Editorial Série Mulheres® desempenha um papel crucial ao dar voz a essas líderes. Este projeto destaca seus *cases* práticos e também as estabelece como modelos para futuras gerações. Estamos comprometidos em apoiar e ampliar essas vozes, pois acreditamos que a inclusão e a representatividade feminina são fundamentais para a sustentabilidade global.

Estamos aqui com mais um volume que não só avança a discussão sobre ESG, como também fortalece a posição das mulheres como agentes de mudança em um campo dinâmico e cada vez mais vital. Agradeço a todas as mulheres que contribuíram com seus conhecimentos e experiências para esta obra, que, sem dúvida, inspirará muitas outras a seguir seus passos.

Andréia Roma
CEO da Editora Leader
Idealizadora e coordenadora do Selo Editorial Série Mulheres®

Introdução

1. Ambiental (*Environmental*)

Este componente do ESG refere-se às práticas que uma empresa adota para gerenciar seu impacto no meio ambiente. Isso inclui a gestão de recursos naturais, como água e energia, a redução de emissões de gases de efeito estufa, o tratamento e descarte adequados de resíduos, bem como o desenvolvimento e implementação de políticas que apoiam a sustentabilidade ambiental. Empresas que priorizam o aspecto ambiental muitas vezes se comprometem com a inovação em tecnologias limpas e sustentáveis, buscando reduzir sua pegada ecológica enquanto promovem a conservação ambiental.

2. Social (*Social*)

O aspecto social do ESG diz respeito ao relacionamento da empresa com seus funcionários, fornecedores, clientes e as comunidades onde opera. Isso envolve práticas que asseguram condições de trabalho justas e seguras, diversidade e inclusão, engajamento e desenvolvimento da comunidade, e respeito pelos direitos humanos. Também inclui como a empresa lida com questões de igualdade de gênero, investimento em bem-estar dos empregados, e a construção de relações positivas com a sociedade local. Empresas com forte desempenho social frequentemente cultivam boa vontade e lealdade entre consumidores e a comunidade, melhorando sua reputação e estabilidade a longo prazo.

3. Governança (*Governance*)

Governança se refere às práticas de liderança, auditorias, controles internos, e padrões éticos que garantem a integridade e a transparência na condução dos negócios. Este aspecto inclui a estrutura e práticas da diretoria, políticas de remuneração, auditorias internas e externas, assim como a adesão a leis e regulamentações. A boa governança cria um ambiente de negócios ético e transparente, reduzindo riscos legais e financeiros e promovendo a confiança entre investidores e outros *stakeholders*.

Juntas, estas três áreas ajudam a definir como uma organização realiza suas operações e molda suas estratégias para não apenas alcançar sucesso econômico, mas também contribuir positivamente para a sociedade e para o ambiente, garantindo uma operação sustentável e ética no longo prazo.

A sigla ESG, que se refere a *"Environmental, Social and Governance"* (Ambiental, Social e Governança), tornou-se um princípio norteador para empresas e instituições que buscam não apenas sucesso econômico, mas também um impacto positivo no mundo. Em uma era marcada por desafios ambientais, desigualdades sociais crescentes e a necessidade de transparência na governança, o ESG oferece uma estrutura para promover práticas sustentáveis e éticas que atendam às demandas de um público cada vez mais consciente.

Este livro, "Mulheres ESG® – Cases na Prática", é uma

coletânea de *cases* práticos de mulheres deste movimento transformador. Cada autora convidada traz um case prático, derivado de sua jornada e experiência pessoal, ilustrando como os princípios ESG podem ser implementados de maneira eficaz e inovadora.

As narrativas compartilhadas aqui não são apenas relatos de sucesso; são roteiros para ação e inspiração. Essas mulheres aplicaram práticas de ESG em suas organizações e moldaram essas práticas de acordo com suas visões e valores, deixando um legado duradouro que continuará a influenciar gerações futuras.

Ao explorar cada caso, os leitores ganharão *insights* valiosos sobre como superar obstáculos, enfrentar críticas e perseguir a integridade sem comprometer o sucesso. Este livro é um recurso essencial para todos os profissionais que desejam integrar os princípios de ESG em suas carreiras e empresas, oferecendo exemplos concretos de que é possível alcançar excelência tanto nos negócios quanto na contribuição para um mundo mais justo e sustentável.

Dani Verdugo
Coordenadora convidada

Juliana Oliveira Nascimento
Coordenadora convidada

Sumário

Iniciar uma jornada de implementação de governança em empresas familiares, garante a sustentabilidade dos negócios 28
    Dani Verdugo

Desafios e Oportunidades: ESG e Inteligência Artificial Moldando o Futuro Corporativo 40
    Juliana Oliveira Nascimento

Protocolo para transição de gênero: desafiando conservadorismos e construindo pontes na Engenharia 50
    Ana Luiza Roque

Jornada ESG: começar é imperativo 60
    Anne Luise de Amorim

B.Right: A pedra angular escolhida 72
    Cecilia Coelho Romero

Inclusão como estratégia de ESG 82
Daniela Damiati

Comunicação: o pulmão do ESG 94
Dani Klein

A jornada ilumine: transformando vidas e construindo esperança 106
Débora Moraes

Integrando ESG no agronegócio: uma trajetória de inovação e sustentabilidade 116
Deisy Granado

O contexto das mudanças climáticas na atuação profissional e acadêmica 128
Isis Batista

A lacuna entre o resíduo e a matéria-prima é a logística reversa... Economia Circular 140
Jamile Balaguer Cruz

Construindo um futuro brilhante para empresas familiares com práticas ESG 152
Larissa Mocelin Vaz

Da prática à estratégia 162
Lucilene Carvalho

Governança de *stakeholders*: a pedra fundamental do ESG 174
Mariana Klein

Implementação da agenda de sustentabilidade
em empresas 184
   Mariana Vieira

Conexões que potencializam a sustentabilidade 194
   Onara Lima

Mais do que parecer, ser: o início da jornada ESG 206
   Patricia Torres

ESG na primeira pessoa 216
   Quézia Matos

Implementando ESG no mercado financeiro:
transformando desafios em oportunidades 228
   Rafaella Cruz Fernandes de Bulhões Dortas

Uma jornada para TRANSFORMAR 240
   Thays Rosini

ESG tem o propósito de cuidar de quem cuida e
falhamos em entender esta premissa 252
   Viviane Elias Moreira

   Andréia Roma

Empoderamento através das palavras: o impacto
do Selo Editorial Série Mulheres® 265
O poder de uma MENTORIA 270
   Andréia Roma

Iniciar uma jornada de implementação de governança em empresas familiares, garante a sustentabilidade dos negócios

Dani Verdugo

Quem é Daniela Verdugo? Com mais de 20 anos de atuação no mercado de recrutamento, atua como *headhunter*, mentora e conselheira. Em 2017, fundou a THE Consulting, a primeira empresa do Grupo THE, especializada em *executive search* e *board service*, que ao longo do tempo expandiu a área de atuação: em 2020, foi criada a THE Tech, com foco em educação de profissionais; em 2021, nascia a THE Projects, com soluções customizadas. Foi coordenadora do livro "Mulheres ESG®" e coautora de "Mulheres no RH® – Vol. II", ambos da Editora Leader, e coautora da 2ª edição da obra "ESG: O Cisne Verde e o Capitalismo de Stakeholder – A Tríade Regenerativa do Futuro Global", da Editora Revista dos Tribunais – Thomson Reuters. Essas obras refletem seu comprometimento com questões como diversidade, sustentabilidade e responsabilidade corporativa. Seu propósito é desmistificar os processos seletivos e capacitar os profissionais para o mercado de trabalho, fornecendo os recursos necessários para alcançarem um crescimento exponencial.

Sustentabilidade é uma palavra ampla, mas que sempre que aplicada a um contexto refere-se a longevidade e futuro.

As empresas privadas estão para além do seu objeto social, quase que invariavelmente são geradoras de riqueza, garantidoras de recursos, e responsáveis pela sustentação da comunidade por ela empregada, e consequentemente seus familiares e dependentes.

Ou seja, assim como devemos pensar na sustentabilidade dos recursos do planeta, precisamos também pensar na sustentabilidade das empresas, para que a sociedade siga evoluindo.

Faremos aqui um recorte dedicado às empresas familiares, que representam parte importante do PIB brasileiro (65%), e são responsáveis pela geração de 75% dos empregos no país.

A relevância e importância destas empresas no país é indiscutível. Mas, infelizmente, nem 40% delas sobrevivem à segunda geração. A transição de gestão entre gerações é um dos maiores, e provavelmente o principal desafio destas companhias.

E, após muitos anos atuando como Advisory em empresas familiares, posso afirmar que há uma jornada, senão um padrão, que sempre que seguido gera sucesso neste processo. Aqui compartilharei com muita satisfação o *case* de uma família que tem realizado com mestria este processo, apesar de todos os desafios que ele impõe.

O *case*

Uma empreendedora nata, Dona Arlete chegou no Sudeste do país nos anos 80, com seu marido e os recursos da venda da chácara onde viviam numa cidadezinha da Bahia. A intenção era abrir uma "venda", e criar seus filhos em uma zona urbana, oferecendo a eles a educação que nem ela nem o Senhor Joaquim puderam ter.

A venda se tornou um mercadinho, que ganhou um hortifruti no terreno alugado ao lado, e em 15 anos eles já possuíam uma rede regional com mais de 20 lojas.

Embora o desejo do casal em ter pelo menos quatro filhos não tenha se concretizado, eles empregaram muitas pessoas, criaram, como eles mesmos dizem, uma grande família e seguiram prosperando.

A marca de aproximadamente meio bilhão de reais em faturamento anual chamou a atenção de grandes *players* nacionais e multinacionais, e o casal então passou a considerar possibilidades que iam além de produzir FLV (frutas, legumes e verduras), adquirir terrenos, construir e gerenciar as lojas.

Mas à medida que conversas sobre M&As aconteciam, sempre eram questionados sobre temas como sucessão e riscos relacionados à dependência que o negócio tinha dos fundadores. Sem uma resposta, e após três possibilidades frustradas de fusão, Arlete e Joaquim optaram por seguir em frente, e aguardar o "momento certo" para pensar naquele assunto, já que tinham um negócio pulsante para tocar.

Quando nos conhecemos, através de um amigo em comum, conversávamos informalmente sobre a possibilidade de fazermos um projeto de *assessment* para os líderes da empresa, Dona Arlete começou a falar sobre o quanto ela e o Senhor Joaquim estavam exaustos da rotina de trabalho intenso que viviam, e que desejavam reduzir o ritmo. Mas havia muitas pessoas que dependiam deles, e não gostariam simplesmente de parar.

Naquele momento, entendi que havia uma oportunidade incrível para não só fornecer alívio àquele casal, mas também tornar o negócio deles ainda maior e independente, para que eles pudessem começar a desfrutar de um estilo de vida condizente com o momento de suas existências, após uma jornada de tanto trabalho e transpiração.

Estabeleceu-se ali uma relação de confiança. Conversamos bastante, e ao invés de iniciarmos o trabalho com projeto de *assessment* e diagnóstico de estrutura, que era a demanda para o nosso encontro, iniciamos com a estruturação de um Conselho Consultivo.

E após seis meses do início dos trabalhos com o colegiado, já havia um plano de sucessão estruturado, comitês implementados, e, ao final do primeiro ano de implementação do Conselho, a empresa já se encontrava em condições de retomar às conversas de fusão.

Já no ano seguinte, eles venderam parte da empresa para um *private equity*, e há exatos dois anos atuam no Conselho de Administração contribuindo para a manutenção da cultura da empresa, garantiram a independência do negócio, eliminaram a ausência de sucessores, algo que pensavam ser impossível, já que não tiveram filhos, e eles finalmente passaram a viver em função de propósito e não mais de operar um negócio.

Em síntese, uma dor sentida por uma década inteira foi solucionada com desdobramentos extremamente positivos em menos de dois anos.

Implementação de governança é sempre um importante divisor de águas para as empresas. E mesmo que nem todas tenham desdobramentos tão ágeis e positivos, a ausência do movimento pode gerar a extinção da organização.

No início deste capítulo, mencionei um padrão que as empresas seguem para obter sucesso e garantir longevidade.

Mas como se dá esse processo? Como realizar uma jornada de implementação de governança e transformar os rumos de uma empresa e garantir sua sustentabilidade?

Antes do passo a passo, vamos falar sobre os desafios e as vantagens que o movimento tende a trazer para uma organização. Desafios que muitas vezes podem impedir a empresa de avançar, e vantagens que contribuem para o seu crescimento sustentável, eficiência operacional e longevidade.

Os desafios

Implementar governança em uma empresa familiar pode ser desafiador devido a uma série de fatores exclusivos desse tipo de organização. Cada família possui suas peculiaridades, mas aqui estão alguns desafios comuns:

- **Cultura e tradição familiar:** muitas vezes, as empresas familiares são profundamente enraizadas em tradições e valores familiares, o que pode dificultar a introdução de práticas de governança corporativa que podem ser percebidas como estranhas ou conflitantes com essas tradições.

- **Dinâmica familiar:** as relações familiares podem complicar a tomada de decisões empresariais, especialmente se houver conflitos de interesses ou rivalidades entre os membros da família que estão envolvidos na gestão da empresa.

- **Transição de gerações:** à medida que a empresa passa de uma geração para outra, é crucial estabelecer processos claros e justos para a sucessão, o que pode ser desafiador devido a questões emocionais e lealdades familiares.

- **Falta de profissionalização:** muitas empresas familiares enfrentam dificuldades na profissionalização da gestão, o que pode levar à falta de clareza nas responsabilidades, falta de competências técnicas e decisões baseadas em relações pessoais em vez de mérito profissional.

- **Equilíbrio entre interesses familiares e corporativos:** encontrar um equilíbrio entre os interesses da família e os da empresa pode ser complicado. Os membros da família podem ter diferentes expectativas em relação aos lucros, reinvestimento, distribuição de dividendos, entre outros aspectos.

- **Comunicação:** a comunicação eficaz entre membros da família, gestão e outros *stakeholders* é essencial. No entanto, pode ser desafiador manter canais de comunicação abertos e transparentes, especialmente quando há conflitos familiares ou questões sensíveis em jogo.

- **Profissionalização da governança:** introduzir estruturas formais de governança pode ser difícil em empresas familiares que historicamente operaram de maneira informal. Isso pode incluir a criação de conselhos de administração independentes, comitês de auditoria e políticas claras de governança corporativa.

- **Resistência à mudança:** alguns membros da família podem resistir à implementação de práticas de governança corporativa, especialmente se perceberem que isso ameaça seu poder ou influência na empresa.

Superar esses desafios requer um compromisso firme com a profissionalização da gestão, o estabelecimento de processos transparentes e equitativos e o desenvolvimento de uma cultura empresarial que valorize o profissionalismo e o sucesso a longo prazo da empresa sobre interesses individuais ou familiares.

Já sabemos que implementar governança em uma empresa familiar pode ser um processo desafiador, mas sabemos também que possui muitas vantagens e é fundamental para garantir a sustentabilidade e o crescimento do negócio ao longo do tempo, especialmente à medida que a empresa cresce e evolui.

As vantagens

Profissionalização da Gestão: a implementação de governança promove a profissionalização da gestão, separando os interesses da família dos interesses empresariais. Isso pode resultar em uma gestão mais objetiva, baseada em mérito e focada em maximizar o valor para todos os *stakeholders*.

Transparência e Prestação de Contas: a governança promove a transparência nas operações da empresa, fornecendo informações claras e precisas sobre suas atividades e desempenho financeiro. Isso aumenta a confiança dos investidores, clientes, fornecedores e outros parceiros de negócios, além de garantir a prestação de contas adequada aos acionistas e demais interessados.

Tomada de Decisões Informadas: com estruturas de governança adequadas, as decisões empresariais são baseadas em dados concretos, análises cuidadosas e avaliações de risco. Isso reduz a probabilidade de decisões precipitadas ou influenciadas por interesses pessoais, garantindo que as escolhas estratégicas sejam feitas no melhor interesse da empresa como um todo.

Gestão de Conflitos: a governança estabelece procedimentos para lidar com conflitos de interesse entre membros da família, entre familiares e gestão, e entre acionistas. Isso ajuda a evitar disputas prejudiciais que possam prejudicar a empresa e facilita a resolução pacífica de desentendimentos.

Atração de Talentos: empresas familiares que implementam governança eficaz são frequentemente vistas como mais profissionais e atraentes para talentos externos. Isso permite atrair e reter executivos qualificados que podem contribuir com suas habilidades e experiência para o crescimento e sucesso da empresa.

Facilitação da Sucessão: um dos desafios críticos para empresas familiares é a sucessão de liderança. A governança estabelece processos claros e transparentes para identificar e preparar sucessores, garantindo uma transição suave e eficaz quando ocorrerem mudanças na gestão.

Acesso a Capital e Financiamento: empresas com governança sólida são geralmente vistas como investimentos mais seguros e atraentes para investidores externos. Isso pode facilitar o acesso a capital e financiamento para apoiar o crescimento e expansão dos negócios.

Crescimento Sustentável: Ao promover a transparência, profissionalismo e eficiência operacional, a governança contribui para o crescimento sustentável da empresa a longo prazo. Isso permite que a empresa se adapte às mudanças no mercado e mantenha sua competitividade ao longo do tempo.

Em resumo, a implementação de governança em uma empresa familiar oferece uma série de vantagens que contribuem para sua governança sustentável e sucesso a longo prazo. Ao promover a transparência, profissionalismo e tomada de decisões informadas, a governança ajuda a proteger os interesses de todos os *stakeholders* e a garantir a continuidade dos negócios por várias gerações.

O passo a passo a se seguir

Compreensão da Necessidade de Governança: antes de tudo, os membros da família e a equipe de gestão precisam entender a importância da governança para o sucesso a longo prazo da empresa. Isso envolve reconhecer os benefícios da transparência, prestação de contas e tomada de decisões estratégicas bem informadas.

Educação e Comunicação: é crucial educar todos os envolvidos sobre os princípios de governança corporativa e os papéis e responsabilidades dos diversos atores, como acionistas, conselho de administração, comitês e gestores executivos. A comunicação aberta e honesta é fundamental para garantir o alinhamento de todos os interessados.

Formação de um Conselho de Família ou Conselho Consultivo: estabelecer um conselho de família ou conselho consultivo pode ser o primeiro passo para instituir governança em uma empresa familiar. Este conselho pode incluir membros da família, bem como especialistas externos, e serve como um fórum para discutir questões estratégicas, tomar decisões importantes e proporcionar orientação à administração.

Desenvolvimento de Políticas e Procedimentos: é importante desenvolver políticas e procedimentos claros para governança corporativa, abordando áreas como gestão de conflitos de interesses, sucessão familiar, remuneração de executivos, participação dos acionistas, entre outros. Essas políticas ajudarão a guiar o comportamento e as decisões dentro da empresa.

Formação de um Conselho de Administração: conforme a empresa cresce, pode ser apropriado formar um conselho de administração independente, composto por membros externos qualificados. Este conselho traz expertise e perspectivas externas para ajudar a orientar a empresa de forma mais objetiva e profissional.

Implementação de Auditoria e Controles Internos: Estabelecer procedimentos robustos de auditoria e controles internos é essencial para garantir a transparência, integridade e conformidade com regulamentações. Isso ajuda a proteger os interesses dos acionistas e garantir a sustentabilidade dos negócios.

Planejamento de Sucessão: um dos aspectos críticos da governança em uma empresa familiar é o planejamento de sucessão. Isso envolve identificar e desenvolver líderes futuros dentro da família ou da equipe de gestão, bem como garantir uma transição suave e eficaz de liderança quando necessário.

Revisão e Aperfeiçoamento Contínuo: a implementação da governança corporativa é um processo contínuo que requer revisão e aperfeiçoamento ao longo do tempo. É importante monitorar regularmente o desempenho do conselho, revisar políticas e procedimentos conforme necessário e garantir que a governança esteja alinhada com os objetivos de longo prazo da empresa.

Implementar governança em uma empresa familiar pode exigir tempo, esforço e comprometimento, mas os benefícios a longo prazo para a empresa e a família são sempre significativos. Uma boa governança ajuda a proteger os interesses de todas as partes envolvidas, promove o crescimento sustentável e fortalece a empresa para as gerações futuras.

Vale ressaltar que, como em qualquer empresa, as familiares existem pela razão básica de gerar recurso aos acionistas, enquanto impacta a sociedade através da geração de empregos e consequências diversas. Mas estas possuem um componente adicional que é, em minha visão, um diferencial. Há vínculos profundos, muitas vezes envolvendo confiança e amor. E este contexto se manifesta muitas vezes através de uma cultura que faz com que todos os envolvidos sejam impactados positivamente.

A confiança deste casal, obviamente, se transformou em amizade. E a eles, bem como aos nossos candidatos durante o processo seletivo, que posteriormente tornaram-se os conselheiros que pilotaram este projeto, tenho eterna gratidão.

Que oportunidade maravilhosa foi para mim e para a equipe do Grupo THE, atuar de forma tão profunda nesta transformação.

Agradecimentos

Finalizo minha contribuição, agradecendo:

À Andréia Roma por este lindo projeto, e Juliana Nascimento, que duplou impecavelmente comigo nesta curadoria. Que honra a minha!

Em especial a cada coautora que se apresentará nos próximos capítulos, por toda sua confiança, entrega, tempo, esforço, generosidade e carinho depositados neste projeto. Sem vocês, não seria possível!

A meu marido e sócio, Daniel Neves, que impulsiona meus projetos fazendo deles seus também. E que vive a agenda comigo!

À minha mãe, que fez de mim uma mulher forte e verdadeiramente solidária às demais mulheres. E que, hoje, tenho como filha!

À minha equipe, que faz acontecer em nossas empresas, me permitindo tempo para projetos como este. Vocês são incríveis!

À minha assistente, amiga e parceira de vida, Ana Fonseca, que me apoia de todas as formas, inclusive espiritualmente. Você é um presente de Deus em minha vida, Aninha!

Desafios e Oportunidades: ESG e Inteligência Artificial Moldando o Futuro Corporativo

Juliana Oliveira Nascimento

Executiva sênior, advogada e Docente com mais de 20 anos de experiência corporativa, com foco em Governança, Riscos e Compliance (GRC), especialmente nos aspectos Ambientais, Sociais e de Governança (ESG). Possui experiência relevante no âmbito corporativo atuando em projetos estratégicos e de alta complexidade. Dentre as diversas formações possui Mestrado Profissional Master of Laws in International Business Law pela Steinbeis University Berlin (Alemanha), e MBA em Tecnologias Digitais e Inovação Sustentável pela USP. O reconhecimento pela liderança executiva na sua atuação inclui os prêmios: "GRC Role Model of the Year" (2022/2023 – Londres), seleção como um dos "10 consultores de Compliance mais admirados do Brasil" (2021) e "Um dos executivos de Compliance mais admirados (2023) pela Análise Editorial". Coordenadora, idealizadora e autora de diversas obras, dentre elas o livro "Cisne Verde e Capitalismo de Stakeholder das Partes Interessadas: A Tríade Regenerativa do Futuro Global". Ainda é cofundadora do Compliance Women Committee (sem fins lucrativos), um grupo que conta com mais de 3.500 de executivas com atuação no Brasil, América Latina e Europa.

Nos tempos atuais, em que o ESG e a Inteligência Artificial estão entre os principais assuntos, atuar de maneira preditiva se faz muito relevante, o contexto dos riscos emergentes que conglomeram as expectativas de preparação das organizações para a resiliência.

Neste contexto, no curso realizado pela United Nations System Staff College denominado **Digital4Sustainability Learning Path,** no *Module 1: Digital Transformation for Sustainable Development*, tive a experiência de observar que a rápida digitalização está reconfigurando as estruturas sociais, econômicas e ambientais globais como nunca antes na história da humanidade. Com isso, o momento aponta a escolha de aproveitar as tecnologias digitais para construir um futuro sustentável ou permitir que a digitalização sem controle acelere os motores da Tripla Crise Planetária: mudanças climáticas, perda de biodiversidade e poluição[1].

Deste modo, a conquista da sustentabilidade global não é um desdobramento inevitável ou automático da digitalização. Sendo assim, embora os avanços da tecnologia, como a inteligência artificial, possa facilitar a velocidade e a amplitude das mudanças necessárias para enfrentar a tripla crise planetária, a falta de regulamentação apropriada e de um

---

[1] UNITED NATIONS SYSTEM STAFF COLLEGE. **Digital4Sustainability Learning Path** (Course). Module 1: Digital Transformation for Sustainable Development.

ambiente propício também pode dificultar nosso progresso em direção à sustentabilidade[2].

Neste contexto, a atuação e estudos no MBA em Tecnologias Digitais e Inovação Sustentável na Universidade de São Paulo (USP) trouxe o panorama do quanto se faz relevante observar a questão da sustentabilidade, mas também por garantir que nossa utilização da inteligência artificial para a busca por tornar o planeta mais sustentável se beneficie de todas as possibilidades oferecidas pelas tecnologias digitais.

Com base em estudos do Global Risk Report de 2024, os próximos anos serão marcados por uma adversidade econômica com questões de divisões econômicas e tecnológicas. O relatório aponta a importância por parte dos líderes globais de preparação para o seu enfrentamento, fazendo-se necessária uma cooperação mundial neste cenário.

No que se refere a Inteligência Artificial, o primeiro trabalho significativo ocorreu no século XX por meio de uma decodificação denominada "máquina de Turing". Alan Turing, matemático, considerado o Pai da Computação, já observava que a inteligência do futuro caberia numa máquina que seria capaz de aprender com a experiência, sendo este o princípio que fundamentou a teoria moderna da computação[3].

Destaca-se que a expressão Inteligência Artificial teve reconhecimento pelo público nos Estados Unidos em meados de 1956 no contexto das *machine learning (Aprendizado de Máquina)*. As pesquisas até então continuaram, mas foi a partir de

---

[2] UNITED NATIONS SYSTEM STAFF COLLEGE. **Digital4Sustainability Learning Path** (Course). Module 1: Digital Transformation for Sustainable Development.

[3] NATIONAL GEOGRAPHIC. **Quem foi Alan Turing, pioneiro no desenvolvimento da inteligência artificial e da computação moderna**. Disponível em: https://www.nationalgeographicbrasil.com/ciencia/2023/06/quem-foi-alan-turing-pioneiro-no-desenvolvimento-da-inteligencia-artificial-e-da-computacao-moderna#:~:text=-Para%20Turing%2C%20a%20intelig%C3%AAncia%20computacional,seu%20mecanismo%2C%20defendia%20o%20matem%C3%A1tico. Acesso em 12 maio de 2024.

1990 que os avanços tecnológicos progrediram de maneira exponencial até os dias atuais[4].

Nesse sentido, salienta-se que a Inteligência Artificial tem progredido de forma muito rápida e se denota a dificuldade do avanço das normas de regulação, no mesmo ritmo, ao redor do mundo.

Assim, é importante destacar a relevância do princípio da precaução, princípio esse advindo do direito ambiental em meados de 1970 e que tem o condão de trazer medidas de mitigação diante de ameaça de dano considerado sério ou irreversível. Interessante é a realização durante anos dos estudos de Direito Ambiental que agora se encontra ao contexto da Inteligência Artificial, uma conexão ao presente texto que destaca a importância de ambos os contextos.

Nas discussões globais, a transparência tem se apresentado como ponto relevante para evidenciar processos decisórios justificáveis para quem foi afetado, visto que se pretende evitar o efeito *"black box"*, que se refere à ausência de demonstração e visibilidade das entradas de dados e atividades para os usuários e partes interessadas. Neste ponto, encontra-se a forte relevância do tema de ESG no contexto da Governança.

Ademais, um dos pontos da Inteligência Artificial é a preocupação para as pessoas em termos de qualidade de vida, autonomia e liberdade. Além disso, a reflexão ética da tecnologia da Inteligência Artificial, quando usada de maneira apropriada, pode estimular a inovação e promover valores éticos que se encontram alinhados aos Objetivos de Desenvolvimento Sustentável (ODSs) e à Agenda 2030 da União Europeia. No contexto

---

[4] NATIONAL GEOGRAPHIC. **Quem foi Alan Turing, pioneiro no desenvolvimento da inteligência artificial e da computação moderna**. Disponível em: https://www.nationalgeographicbrasil.com/ciencia/2023/06/quem-foi-alan-turing-pioneiro-no--desenvolvimento-da-inteligencia-artificial-e-da-computacao-moderna#:~:text=-Para%20Turing%2C%20a%20intelig%C3%AAncia%20computacional,seu%20mecanismo%2C%20defendia%20o%20matem%C3%A1tico. Acesso: 12 maio 2024.

do desenvolvimento de uma Inteligência Artificial de confiança deve-se ter a promoção do bem-estar, além da viabilização de uma sociedade mais justa e oportunidades econômicas, sociais e políticas.

Nesse prisma, em 2015, durante a adoção da Agenda 2030, a discussão sobre digitalização e inteligência artificial era praticamente inexistente. Apesar do aumento na velocidade e escala da transformação digital, os mecanismos globais de cooperação e governança tentam acompanhar seu ritmo. É tanto uma oportunidade quanto um imperativo garantir que a transformação digital opere dentro de um quadro ético, com salvaguardas e padrões adequados, apoiados por inovações em governança e políticas facilitadoras[5].

Um ponto importante a enfatizar é que a utilização da Inteligência Artificial é um caminho sem retorno, visto que diante das cautelas têm-se muitos benefícios e apoios às companhias e à sociedade quanto à sua utilização, tais como: melhoria de eficiência e precisão, novas oportunidades de negócios, progresso tecnológico, análise rápida de muitos dados, entre outros.

Seguindo essa diretriz, a publicação da KPMG "Inteligência Artificial Aumentada" destaca que uma implementação bem-sucedida de Inteligência Artificial, para obtenção de um ganho de Retorno sobre Investimento (ROI), requer envolvimento humano contínuo. Logo, a combinação da inteligência humana e da máquina apresenta ganhos muito mais contundentes para as organizações. (KPMG)[6]

No que diz respeito às questões financeiras, em 2018 uma pesquisa da McKinsey fez uma previsão de que a adoção da Inteligência Artificial poderia elevar o PIB Global em até 13 trilhões

---

[5] UNITED NATIONS SYSTEM STAFF COLLEGE. **Digital4Sustainability Learning Path** (Course). Module 1: Digital Transformation for Sustainable Development.

[6] KPMG. Inteligência Artificial Aumentada: Aproveite a poderosa combinação de inteligência humana e de máquina, 2022. https://assets.kpmg.com/content/dam/kpmg/br/pdf/2022/9/augmented-al.pdf

de dólares até 2030, o que correspoderia a 1,2% do PIB Global.[7] (MCKINSEY)

Além disso, uma pesquisa desenvolvida pela KPMG com a Universidade de Queensland na Austrália, denominada "Trust in Artificial Intelligence", que aborda a confiança em inteligência artificial, denota que 85% das pessoas acreditam que a inteligência artificial pode trazer benefícios, em especial, em efetividade, inovação, utilização eficiente dos recursos, além de redução de custos, e que isso irá melhorar a tomada de decisão das organizações[8]. (KPMG)

Mas, mesmo com essa visão, conforme aponta outra pesquisa da KPMG com líderes globais, 55% das organizações entendem que o progresso na automação pode ser retardado em decorrência das apreensões de como os sistemas de Inteligência Artificial tomam decisões[9]. (KPMG. CEO OUTLOOK)

Em participação no evento Bloomberg Sustainable Business Summits em Londres, que reuniu líderes empresariais e investidores de todo o mundo com a visão de impulsionar a inovação e ampliar as melhores práticas em negócios e finanças sustentáveis, pude observar quanto a inteligência artificial ao ESG é um tema importante.

Nessa linha, o evento destacou que, à medida que os relatórios ESG passam de voluntários para obrigatórios, as empresas em todo o mundo enfrentam desafios e os profissionais e líderes da sustentabilidade têm de desenvolver medidas efetivas para

---

[7] MCKINSEY. As promessas e os desafios da era da inteligência artificial. Disponível em: https://www.mckinsey.com/featured-insights/artificial-intelligence/the-promise-and-challenge-of-the-age-of-artificial-intelligence/pt-BR. Acesso em 04. Mar.2024

[8] KPMG. The University of Queensland. Trust in Artificial Intelligence, 2023. https://assets.kpmg.com/content/dam/kpmg/br/pdf/2023/5/Trust-in-ai-global-insights-2023.pdf

[9] KPMG. CEO OUTLOOK. Disponível em: https://kpmg.com/dk/en/home/insights/2023/10/kpmg-ceo-outlook-2023.html. Acesso: 13 maio 2024.

cumprir os seus objetivos ambiciosos. Além disso, cabe aos mesmos serem os impulsionadores do valor do negócio.

Com essa visão, as discussões abordaram soluções inovadoras para acelerar a agenda ESG, da mesma maneira que a transparência e o uso adequado dos dados encontra-se em primeiro plano, e que neste contexto a Inteligência Artificial encontra-se como pedra angular do apoio dessa jornada.

Ainda, na visão trazida da participação do evento Innovation Week em Londres, o maior do Reino Unido para acelerar a ação empresarial em direção aos compromissos, houve acesso aos principais inovadores do Reino Unido, destacados em sete setores em que houve a oportunidade de participação em diversos painéis que apresentaram as suas inovações revolucionárias para ajudar a descarbonizar a nossa economia, tanto no setor público quanto no setor privado, e nessa linha se encontram as ações que envolvem a Inteligência Artificial.

Por fim, os estudos sobre Economia Circular para formação em Mastering Circular Metrics – Circular Economy/CTI Implementation Partner com a WBCSD – World Business Council for Sustainable Development evidenciaram a importância dos dados e tecnologia e possui impacto, pois busca-se que 9 bilhões de pessoas ao redor do mundo vivam de forma sustentável dentro dos limites do planeta até 2050 e denota um desafio monumental. Com isso, o avanço para uma economia circular é fundamental e requer uma separação entre consumo de recursos e desempenho econômico. Isso pode ser alcançado por meio da partilha de informações, adoção de novos modelos de negócios, implementação de políticas de apoio, estabelecimento de metas baseadas na ciência e colaboração em toda a cadeia de valor e também o uso de Inteligência Artificial.

Nesta jornada é fundamental a criação de novos líderes que tenham uma visão no ESG e também em tecnologias futuras que venham a fazer parte desta transformação. Nessa linha destaco o papel que a KPMG desenvolve com o Programa Leaders 2050, que integro, destinada a futuros líderes em todos os setores que se encontram interessados em alcançar emissões zero, além de promover crescimento limpo e promover a sustentabilidade, com a missão de capacitar a próxima geração com as habilidades, redes e propósitos necessários para impulsionar um futuro mais sustentável.

Diante do exposto, é importante ressaltar a relevância dos avanços da Inteligência Artificial com a sua relação com ESG perante a sociedade, organizações, bem como na formação de novos líderes. Nesse contexto, vale mencionar a visão do filósofo Hans Jonas com base no Princípio Responsabilidade, que por muitos anos acompanhou estudos da implicação da tecnologia na sociedade. Hans Jonas traz a reflexão de que a tecnologia sem nenhuma responsabilidade tem muitos malefícios ao homem e ao meio ambiente, bem como para a geração presente e para as futuras, o que traz a reflexão de uma nova ética da responsabilidade.

Logo, o seu uso com a devida gestão de riscos, com ética e integridade pode trazer benefícios cruciais para diversos setores, além de acessibilidade e transparência das informações na Nova Fronteira Tecnológica. Ademais, no que tange ao ESG, à medida que a transformação digital avança, também crescem os esforços para aproveitar seu potencial no acelerando do desenvolvimento sustentável. Uma visão geral dos esforços para aproveitar a transformação digital sustentável aponta a criação de uma linguagem e arquitetura para alavancar a transformação digital como uma força positiva para o progresso do desenvolvimento sustentável, ao mesmo tempo que mitiga riscos e consequências indesejadas[10].

---

[10] UNITED NATIONS SYSTEM STAFF COLLEGE. **Digital4Sustainability Learning Path** (Course). Module 1: Digital Transformation for Sustainable Development.

Referências

Fórum Econômico Mundial. Global Risks Report, 2024.

KPMG. Inteligência Artificial Aumentada: Aproveite a poderosa combinação de inteligência humana e de máquina, 2022. https://assets.kpmg.com/content/dam/kpmg/br/pdf/2022/9/augmented-al.pdf

KPMG. The University of Queensland. Trust in Artificial Intelligence, 2023. https://assets.kpmg.com/content/dam/kpmg/br/pdf/2023/5/Trust-in-ai-global-insights-2023.pdf

JONAS, Hans. O Princípio Responsabilidade: Ensaio de uma ética para a civilização tecnológica. Rio de Janeiro: Contraponto, 2011.

MCKINSEY. As promessas e os desafios da era da inteligência artificial. https://www.mckinsey.com/featured-insights/artificial-intelligence/the-promise-and-challenge-of-the-age-of-artificial-intelligence/pt-BR.

Protocolo para transição de gênero: desafiando conservadorismos e construindo pontes na Engenharia

Ana Luiza Roque

Escritora, Head de Desenvolvimento Sustentável na Promon Engenharia, tutora na pós-graduação de ESG, professora convidada de Compliance e mentora de alunos ingressantes da OAB e de mulheres que desejam desenvolver sua liderança e conciliar a vida profissional e pessoal, em especial mães. Sua formação acadêmica inclui uma graduação em Letras pela USP, pós-graduação em Sustentabilidade pelo SENAC, MBA em Gestão de Riscos de Fraude e Compliance pela FIA-USP, e certificação internacional em Compliance pela SCCE. Adicionalmente, participou do Summer Academy da International Anti-Corruption Academy, na Áustria.

Desde as salas de aula da Cidade Universitária (USP), onde me apaixonei pelas nuances da linguagem enquanto cursava o curso de Letras, até os corredores corporativos de uma empresa de Engenharia, nunca imaginei que meu caminho profissional me levaria a atuar na vanguarda da Diversidade, Equidade e Inclusão (DE&I) no ambiente corporativo. Meu sonho sempre foi inspirar mentes jovens, cultivando nelas o amor pela literatura e pela expressão da linguagem. No entanto, a vida e minhas decisões foram me guiando por uma rota que se desviou do que eu havia pensado inicialmente: tornar-me uma peça-chave na implementação de um protocolo de transição de gênero dentro de uma organização.

A ideia de mudança sempre me fascinou, seja através das metamorfoses dos personagens nas histórias que eu lia nos livros, desde pequena, seja na transformação que a educação pode gerar na sociedade. Contudo, enfrentar a mudança no cenário corporativo, promovendo um ambiente de trabalho mais respeitoso e inclusivo, é um desafio que exige de mim muito mais do que conhecimento literário.

O conservadorismo da Engenharia: da inclusão das mulheres à comunidade LGBTQIAPN+

A Agenda de DE&I no setor de Engenharia tem sido marcada por etapas distintas, refletindo as mudanças sociais e os desafios intrínsecos a um campo tradicionalmente conservador. Inicialmente, o foco se voltou para a inclusão das mulheres, um esforço contínuo que, apesar de avanços significativos, ainda encontra barreiras estruturais. Segundo o IBGE – Instituto Brasileiro de Geografia e Estatística (2021), as mulheres representavam apenas 21,6% dos matriculados e 24,0% dos concluintes em cursos de Engenharia e profissões correlatas, evidenciando a discrepância de gênero persistente no setor. Adicionalmente, no Conselho Federal de Engenharia e Agronomia (Confea), as mulheres compõem 19,9% do total de profissionais registrados, ilustrando a lenta progressão rumo à igualdade de gênero.

Após a conscientização inicial sobre a necessidade de inclusão feminina, a atenção tem-se expandido, gradual e lentamente, para abranger a comunidade LGBTQIAP+, marcando uma evolução significativa na abordagem à diversidade dentro do setor. Esta expansão reflete não apenas uma mudança na mentalidade corporativa, mas também o impacto das discussões promovidas pela sociedade como um todo. Na década de 2010, presenciei o silêncio e a invisibilidade em torno da orientação sexual e identidade de gênero no ambiente de trabalho, com alguns profissionais sentindo-se incapazes de expressar abertamente suas verdadeiras identidades.

O preconceito estrutural e o conservadorismo arraigado na Engenharia inicialmente promoveram uma inclusão seletiva, priorizando a integração das mulheres em detrimento de avanços significativos para a comunidade LGBTQIAP+. Essa preferência não apenas reflete barreiras culturais, mas também a complexidade da interseccionalidade, onde múltiplas formas de discriminação se intersectam.

Contudo, as últimas décadas testemunharam um movimento palpável em direção à inclusão mais ampla, impulsionado por uma conscientização social crescente e pela pressão para que as culturas organizacionais se adaptassem.

As empresas começaram a reconhecer a importância de criar ambientes de trabalho onde o respeito e o apoio mútuo não são apenas valorizados, mas praticados ativamente. Esta mudança, embora gradual, sinaliza um progresso notável em direção a uma cultura empresarial que não apenas aceita, mas celebra a diversidade em todas as suas formas.

A transição para uma abordagem mais inclusiva foi catalisada por uma combinação de fatores, incluindo legislação mais robusta em defesa dos direitos LGBTQIAP+, o advento de políticas corporativas mais progressistas e um diálogo social mais aberto sobre gênero e sexualidade. Empresas líderes no setor começaram a implementar treinamentos específicos sobre diversidade e inclusão, estabelecer grupos de recursos para funcionários LGBTQIAP+ e adotar políticas claras contra a discriminação, marcando um avanço significativo em comparação com a realidade de uma década atrás. Dado esse contexto, a seguir, compartilho com vocês o protocolo para a transição de gênero que coordenei numa empresa brasileira, de 60 anos de vida, do setor de Engenharia.

Acolhimento como ponto de partida

Iniciar a jornada rumo à diversidade, equidade e inclusão nas empresas transcende a implementação de políticas ou programas — trata-se, essencialmente, de promover uma profunda mudança cultural e comportamental. O reconhecimento de que, apesar de minha formação em Letras, eu detinha as ferramentas essenciais para influenciar positivamente este processo, foi um marco inicial nessa trajetória. A empatia, a capacidade de ouvir atentamente e a sensibilidade para compreender as complexas histórias de vida de cada indivíduo revelaram-se não apenas como habilidades cruciais herdadas da educação, mas como pilares fundamentais para a construção de um ambiente corporativo verdadeiramente acolhedor.

O primeiro contato da pessoa em transição de gênero com a empresa ocorreu através de seu líder direto, cujo acolhimento e entendimento se revelaram cruciais para o sucesso do processo. Reconhecendo a necessidade de flexibilidade nos horários devido ao tratamento hormonal, o líder demonstrou uma capacidade extraordinária de adaptação e suporte, garantindo que a transição ocorresse de forma saudável e respeitosa. Nesse contexto, como coordenadora do tema de DE&I e representante da Área de Desenvolvimento Sustentável da organização, fui abordada por ambos — a pessoa em transição e seu líder —, que buscavam orientação e apoio antes mesmo de recorrerem ao departamento de Recursos Humanos. Este gesto inicial sublinha a importância do papel dos líderes diretos na promoção de um ambiente inclusivo e também destaca a confiança depositada na nossa capacidade de liderar com empatia e compreensão.

Fizemos a primeira conversa, respeitando suas escolhas e preferências individuais, de onde emergiu como uma lição poderosa: as verdadeiras lições de humanidade e inclusão transcendem as fronteiras das salas de aula e se enraízam nas práticas cotidianas de nossas organizações.

A eficácia do acolhimento, portanto, depende intrinsecamente da dinâmica cultural da empresa. Independentemente de ser conduzido inicialmente pelo RH, pelo líder ou outro departamento, o essencial é que essa prática seja permeada por uma compreensão e um compromisso compartilhados em todos os níveis da organização. A mudança cultural desejada é aquela que promove um ambiente onde todos os líderes e profissionais reconhecem a importância do acolhimento como fundamento para a construção de uma comunidade empresarial inclusiva, que valoriza e celebra as diferenças.

Construindo um plano de ação

A elaboração do nosso plano de ação foi além da boa vontade, evoluindo para uma iniciativa de mudança orquestrada que exigiu coragem, liderança e uma coordenação meticulosa. Ao reconhecer a importância de engajar todas as áreas da empresa que de alguma forma poderiam contribuir ou ser impactadas, identificamos a necessidade de ter um líder de projeto dedicado a garantir que todos os aspectos do plano fossem cuidadosamente coordenados e alinhados com nossos objetivos de inclusão.

Central para a nossa estratégia foi a inclusão ativa da pessoa em transição no processo de planejamento. Nossa prioridade era garantir que sua voz fosse ouvida e respeitada, minimizando qualquer potencial de exposição ou desconforto. O diálogo contínuo e a prática da escuta ativa se tornaram ferramentas fundamentais, permitindo-nos ajustar e moldar o plano de ação para atender às suas necessidades específicas, ao mesmo tempo que preservávamos sua dignidade e privacidade em todas as etapas.

Nossa abordagem abrangente incluiu a implementação de treinamentos de sensibilização para toda a equipe, a promoção de conversas desafiadoras sobre preconceitos e estereótipos, e a comunicação clara sobre políticas inclusivas. Cada ação foi projetada não apenas para informar e educar, mas também para cultivar um sentido mais profundo de empatia e respeito mútuo dentro da organização.

O desafio técnico veio na forma de alterações de cadastro e adaptações legais – territórios completamente novos para mim. Aprender sobre remuneração, benefícios, sistemas internos e legislação trabalhista pertinente foi como mergulhar em uma nova língua, estranha, mas fascinante. O apoio de profissionais de RH e do Jurídico foi fundamental, transformando o processo em um aprendizado coletivo e interdisciplinar.

Ao longo desse processo, ficou evidente que estávamos não apenas transmitindo conhecimento, mas também aprendendo lições inestimáveis sobre inclusão, direitos humanos e a importância crítica da visibilidade e do apoio à comunidade LGBTQIAP+.

Esse aprendizado recíproco fortaleceu nossa resolução e nos impulsionou a buscar continuamente formas de melhorar e expandir nossas práticas de inclusão.

Entender o modelo mental dos profissionais é fundamental

Compreender o modelo mental dos profissionais, especialmente em campos tradicionalmente conservadores e de pensamento mais cartesianos, revela-se fundamental para impulsionar a mudança cultural. Gosto muito da metáfora do elefante e do ginete, apresentada por Jonathan Haidt em seu livro "Mente Moralista" – ela ilustra vividamente essa dinâmica interna: enquanto muitos presumem que a lógica racional guia nossas ações, na verdade são as emoções e os vieses inconscientes que frequentemente tomam as rédeas. Esse *insight* nos ensina que, assim como redirecionar um elefante determinado pode ser uma tarefa hercúlea, alterar as predisposições arraigadas e os comportamentos dos indivíduos requer paciência, tempo e, às vezes, várias gerações.

Nesse contexto, a construção de pontes entre as diferenças e a eliminação dos obstáculos à inclusão tornam-se imperativos claros. As empresas devem, portanto, comunicar de forma transparente as expectativas comportamentais, ancorando-se nos valores organizacionais fundamentais, como o respeito. Enfatizei a relevância de cada membro da equipe na narrativa que estamos criando juntos. Questionei-os sobre o legado que desejam construir e como gostariam de relembrar sua contribuição para a história da inclusão na empresa, destacando a importância de uma participação ativa e consciente na promoção de um futuro mais inclusivo.

Esse processo de conscientização incita uma reflexão profunda e como consequência mobiliza todos em direção a um compromisso coletivo com a diversidade e o respeito. Entender e agir sobre o modelo mental predominante é, portanto, crucial para qualquer esforço de inclusão efetivo, marcando o início de uma transformação cultural que, embora possa ser gradual, é profundamente significativa. Ao abraçarmos essa jornada, reafirmamos nosso compromisso com a criação de um ambiente de trabalho que não apenas respeita as diferenças, mas as celebra como fonte de enriquecimento e inovação.

Treinamento e Conscientização

Uma etapa destacou-se como fundamental: a realização de uma roda de conversa envolvendo o time e as lideranças da pessoa em transição. Este momento foi dedicado ao esclarecimento de conceitos essenciais, como identidade de gênero e orientação sexual, além de abordar o temor social da exclusão e refletir sobre o legado que desejamos construir na cultura da nossa empresa e na sociedade. A profundidade e a sinceridade das discussões engajaram os profissionais e alguns trouxeram revelações pessoais de outras pessoas, que compartilharam experiências com deficiência e relatos sobre a comunidade LGBTQIA+ em suas famílias.

Nos dias seguintes, muitos colaboradores me procuraram individualmente, movidos pelo desejo de confrontar seus preconceitos e expressar gratidão pela maneira sensível e atenciosa com que a empresa abordou temas tão significativos.

Qual é a história que queremos escrever?

Refletindo sobre o percurso para implementar o protocolo de transição de gênero, percebo que a educação vai além dos limites convencionais, revelando-se em múltiplas dimensões. Minha jornada como educadora se ampliou, ensinando-me lições valiosas sobre resiliência, adaptabilidade e, principalmente, o impacto transformador do respeito e da inclusão. Este projeto reforçou a convicção de que práticas empresariais inclusivas são essenciais para acolher pessoas transgênero, e assim fomentar um ambiente corporativo que celebre a diversidade de gênero, promova a igualdade e combata qualquer forma de discriminação.

A trajetória da inclusão, desde a integração das mulheres até o acolhimento da comunidade LGBTQIAP+ mais ampla, ilustra a necessidade urgente de uma abordagem integrada e acelerada. Ao invés de avançar em etapas sequenciais, a inclusão deve ser encarada como um movimento unificado, que não faz distinções ou prioriza certos grupos. Enquanto enfrentamos obstáculos persistentes, nosso comprometimento em cultivar ambientes de trabalho acolhedores e respeitosos sinaliza um avanço importante, não só valorizando a diversidade, mas também impulsionando a inovação e a excelência na engenharia.

Essa evolução contínua na inclusão molda como vivenciamos o presente e também define o legado que deixaremos para as futuras gerações no mundo corporativo. Assim, reafirmamos nosso compromisso com a construção de um futuro em que o respeito e a inclusão não são apenas praticados, mas entrelaçados no tecido da nossa cultura organizacional, elevando os indivíduos e toda a indústria da Engenharia a novos patamares de excelência e humanidade.

Jornada ESG:
começar é imperativo

Anne Luise de Amorim

Engenheira Ambiental formada *cum laude* pela Universidade Federal do Rio de Janeiro e com MBA em Gestão de Projetos pelo IBMEC/RJ, atua há dez anos no setor de energia. Conduziu o licenciamento ambiental e projetos sociais de relevantes projetos para depois embarcar no desafio de alinhar a estratégia da companhia à agenda ESG.

Atualmente lidera a área de ESG de uma grande empresa do setor de energia elétrica e atua como representante da companhia em diversos fóruns sobre o tema, como o Pacto Global da ONU.

Em 2020, o CEO da BlackRock, maior gestora de fundos de investimentos do mundo, destaca a Sustentabilidade como norteadora da estratégia das empresas. Apresentar-se como uma "empresa verde" para o mercado nunca tinha sido tão relevante. É neste momento que as empresas passam a exibir, com a ajuda de holofotes midiáticos, suas iniciativas "verdes". Muitas destas empresas, é fato, já vinham nesta trilha há anos e viram seus esforços finalmente ganharem relevância no mercado financeiro. Outras, tentaram apenas parecer sustentáveis para obter vantagens com os famosos *"greenwashing"* – termo em inglês para "lavagem verde", ou seja, quando a sustentabilidade está no marketing, mas não se sustenta nas operações. Há um terceiro grupo de empresas que, entendendo a relevância do tema, passou a desenvolver cada vez mais iniciativas e a incorporar a sustentabilidade dentro da estratégia do negócio - eu estava em uma dessas empresas.

Engenheira ambiental, com a carreira sempre muito voltada para o "E" no setor de energia, havia conduzido o licenciamento ambiental da maior linha de transmissão de ultra-alta tensão do mundo, a Xingu Rio Transmissora de Energia. Dentre os muitos desafios e oportunidades que esse projeto me trouxe, fui responsável por uma carteira de investimentos de projetos sociais de mais de 12 milhões de reais que, no contexto da pandemia do COVID-19, imediatamente teve todo seu recurso voltado para a busca incessante de fornecimento de equipamentos hospitalares para diversos municípios brasileiros. De repente me vi completamente mergulhada no "S", de social. Nenhuma atividade do meu dia era mais importante do que essas demandas, e tamanha era a gratificação de conseguir concluir os projetos e entender o efeito imediato que ele tinha na vida de tantas pessoas. Assim como muitas empresas entenderam ali a relevância do seu papel social, cresceu também em mim o desejo de focar minha carreira em áreas com o propósito de gerar mais valor para a sociedade.

De perto, vi o impacto positivo que as empresas conseguem causar e não parei de me questionar: e se as empresas se mobilizassem para outras causas da mesma forma?

Foi então que comecei a conversar com outros entusiastas e a me debruçar sobre o tema em prazeroso mergulho acadêmico. Quanto mais eu conhecia, mais me apaixonava. Entendendo a complexidade e diversidade de assuntos existentes dentro dos três pilares ESG, logo me veio a certeza de que eu precisava implementar muitas daquelas iniciativas na empresa em que trabalhava, e, com isso, a grande dúvida: por onde começar?!

Aprofundei-me cada vez mais em cada um dos pilares, buscando entender as vertentes que faziam sentido com o negócio e, já com sede de novos desafios, me dediquei a emplacar a agenda ESG na companhia. Nessas horas é fundamental que lideranças-chave comprem essa agenda junto com você e tive o prazer de estar em uma das maiores empresas de energia do mundo junto de um líder ímpar que entendeu o potencial da agenda e foi imprescindível para o escalonamento do tema.

Conversei com muitas empresas para entender quais produtos relacionados a ESG eram oferecidos no mercado e, principalmente, quais se encaixavam com nosso negócio. As consultorias entenderam rapidamente que a demanda cresceria e começaram a oferecer diversos produtos em seus portfólios. É preciso ter bastante cautela neste momento e entender o que faz sentido para sua empresa e quais fornecedores de fato possuem a expertise necessária. Tem muito aventureiro surfando a onda do ESG e oferecendo produtos rasos e não alinhados com a estratégia da empresa, que acabam se convertendo em ações pontuais e muito distantes do *"walk the talk"*, ainda que bem-intencionados.

Do meu lado, a dúvida de "por onde começar" seguia mesmo após todas as conversas e, em um mundo tão dinâmico, não pense que a resposta é única e simples. GRI, SASB, CDP, MSCI, *Sustainalytics*, ISE, são diversos os índices, *rankings* e *ratings* que regem a temática, sem uma padronização clara do que é exigido ou valorizado por cada um. Além disso, com uma gama de *stakeholders* tão vasta nos três pilares, em quem focar? No mercado financeiro, na sociedade, nos colaboradores?

Vi a necessidade de escolher um índice como base e desenvolver um plano plurianual com iniciativas nos três pilares, entendendo as ações prioritárias para o desenvolvimento do nosso negócio que gerassem também um impacto positivo para os *stakeholders*. Uma tarefa complexa, mas que pode ser facilitada por algumas estratégias e iniciativas que compartilho aqui com vocês.

Antes de mais nada, para implementar uma jornada ESG é preciso conhecer bastante a empresa e ter alguns pontos muito bem estabelecidos: Quais são os valores da empresa? Onde ela quer chegar? O que é inegociável nesse caminho? O que faz o seu negócio crescer e prosperar? Essas respostas irão guiar muitas das iniciativas listadas a seguir.

1. Matriz de Materialidade

A matriz de materialidade foi o primeiro passo e entendo ser peça-chave desse quebra-cabeça, permitindo avaliar quais os temas são relevantes para o crescimento da empresa e também para os *stakeholders*, resultando nos temas materiais. O eixo "X" do gráfico representa o grau de impacto para o negócio, enquanto o eixo "Y" representa o grau de relevância do tema para as partes interessadas. Ou seja, o cruzamento apresenta de forma clara e visual as questões ESG que devem ser foco do desenvolvimento da empresa, considerando o impacto e relevância no ambiente interno e externo.

Além de apoiar a construção de uma estratégia de sustentabilidade, esse mapeamento auxilia também na análise de riscos e oportunidades do negócio e, por fim, será fundamental para a elaboração do relatório de sustentabilidade, direcionando-o para os temas que de fato importam às partes interessadas.

São quatro os principais passos para elaboração de uma matriz eficaz e destaco os pontos de atenção a serem observados em cada um deles:

1. **Identificação dos temas**: fundamental um estudo amplo do setor em que se está inserido, com estudos setoriais e *benchmarking* de mercado para definição dos tópicos que estarão em tela.

2. **Avaliação do impacto no negócio:** importante conhecer a fundo a empresa para identificar riscos e oportunidades de cada tema para seu crescimento.

3. **Avaliação da percepção dos *stakeholders***: definir e priorizar as partes interessadas são passos importantes dessa análise. A combinação de uma pesquisa quantitativa (questionário online, por exemplo) com uma qualitativa para o público prioritário (entrevistas com escuta ativa) permite uma análise ampla da influência de cada tema na tomada de decisão das partes.

4. **Cruzamento da Matriz:** representação gráfica do cruzamento dos eixos em quatro quadrantes, evidenciando os itens prioritários em comum, que serão conhecidos como temas materiais.

Essa etapa é interessante ainda para ratificar o planejamento e resultados da empresa. Será que a empresa vem investindo nos temas que são relevantes também para seus stakeholders? Será que os stakeholders estão conseguindo enxergar os investimentos da empresa? No caso em que trabalhei foi bastante gratificante ver no resultado do cruzamento que um dos temas em que a empresa mais investiu nos últimos anos apareceu disparado como o mais relevante tema material. Isso demonstra que a companhia está no caminho certo em seus investimentos e que esse esforço está sendo visto e valorizado pelo seu público.

2. Diagnóstico de iniciativas ESG

O diagnóstico de iniciativas tem duas vertentes relevantes: interna e externa.

A interna faz parte daquele ponto inicial de entender quem você é já apoiada no resultado da matriz de materialidade. Ao identificar os temas materiais você certamente irá identificar alguns em que sua empresa já investe. Esse é o momento de tirar "a foto do dia", identificar quais são as iniciativas existentes para cada um dos temas materiais antes de se iniciar a trajetória, quais as áreas lideram as iniciativas, montante investido, resultados atuais para o negócio, entre outros dados.

É de suma importância entender onde você está antes de definir o ponto de chegada e por qual caminho será melhor seguir.

O diagnóstico externo consiste em uma análise de mercado, entendendo quais iniciativas as principais empresas do setor já desenvolvem, como elas impactam seu negócio e como são percebidas também pelos *stakeholders*. Um bom ponto de partida além dos estudos setoriais já realizados na etapa da Matriz são os relatórios de sustentabilidade. Eles trazem tanto os temas materiais como as principais metas e indicadores das empresas em relação aos temas ESG e podem ser um ótimo balizador para suas estratégias individuais e também para alianças de estratégias, como ações coletivas ou projetos sociais em parceria.

3. Ratings e Índices ESG

O relatório *Rating the Raters* 2023, elaborado pelo The Sustainability Institute, da ERM, traz uma listagem de 13 índices de ESG e a percepção de investidores e empresas sobre o quanto os índices refletem de fato o compromisso e as iniciativas das empresas. Um dos grandes desafios atuais relacionado a este tema é a diversificação de metodologias e falta de clareza sobre sua aplicação, colocando em dúvida a qualidade e utilidade dos índices. Uma empresa bem qualificada em um *rating* não necessariamente o será em outro, além de casos de empresas bem qualificadas que estão por vezes envolvidas em grandes escândalos na temática, a exemplo da Americanas, que ocupava a 12ª posição no ISE B3 (entre 70 empresas) com a maior nota de governança.

Ainda assim, principalmente para quem está no início da jornada, os *ratings* são um bom guia para entender quais temáticas são mais valorizadas e podem requerer especial atenção dos investimentos da empresa. A sugestão aqui é buscar entender a metodologia de cada um deles, seu posicionamento no mercado e focar em *ratings* que já tenham um eixo específico voltado para seu setor, pois terão maior aplicabilidade à sua realidade.

Ao mesmo tempo, o mercado tem buscado cada vez mais regular o tema e pacificar um entendimento único sobre a performance ESG, evitando as discrepâncias entre *ratings* e aumentando a transparência e confiabilidade de seus resultados.

4. Planejamento Estratégico

Uma vez identificados os temas materiais, seu posicionamento no mercado e as iniciativas já implementadas, ou seja, onde você está hoje, é hora de decidir aonde você quer chegar. Quer ser pioneiro em um dos temas materiais que ainda não é explorado pelo mercado? Quer se destacar em algum tema específico alinhado com seus valores? Quer garantir uma melhor pontuação no *rating* A, B ou C? São muitas as possibilidades e definir o ponto de chegada é primordial para iniciar a jornada.

Trazendo mais um pouco do caso prático, nosso Plano Estratégico foi balizado no *rating* MSCI, uma vez que havia uma demanda específica de classificação no *rating* no longo prazo. O *rating* traz pesos diferentes para os temas de acordo com setores pré-definidos e com base nisso e no diagnóstico de iniciativas existentes nos temas materiais pudemos identificar os *gaps* e prioridades em um plano plurianual.

Sabendo que a Governança é fundamental para que os pilares se mantenham de pé, uma das primeiras ações foi a formalização de equipe dedicada ao tema e criação de um Comitê ESG em que participa todo o *board* da companhia. Os resultados logo começaram a aparecer e tivemos o "ano dos primeiros": primeiro inventário de Gases Efeito Estufa, primeiro relatório anual com base no GRI – Global Reporting Initiative, primeira emissão de *green bond*, primeiro ano como membro do Pacto Global.

A agenda vai crescendo a cada dia e o replanejamento anual é imprescindível para mensurar os resultados e garantir que nos mantenhamos alinhados com os objetivos da companhia e expectativas dos *stakeholders*.

5. Comunicação e Cultura

A Comunicação é primordial nessa jornada para que se construa uma cultura ESG. Os primeiros a saber sobre suas iniciativas devem ser os próprios colaboradores, aqueles que farão com que elas aconteçam, que terão orgulho de trabalhar em uma empresa cada vez mais sustentável e que levarão os ensinamentos da empresa para a vida.

Assim que aprovamos o Plano com as iniciativas, fomos em todas as bases da empresa apresentá-las, explicar do que se tratava cada pilar, como o tema se relacionava com o dia a dia daqueles colaboradores e como o impacto positivo cotidiano poderia contribuir com um resultado maior. Em paralelo criamos uma série ESG com vídeos explicativos sobre cada pilar e uma identidade visual de modo que todo tema atrelado a ESG divulgado no canal interno de comunicação destacasse a letra com a qual se relacionava. O objetivo é que a pessoa, ao receber uma mensagem sobre Saúde e Segurança, entenda que esse tema é relacionado ao "S" do pilar eSg, até que esse entendimento já esteja assimilado.

Divulgado o tema para dentro, é hora de mostrar também para as outras partes interessadas o que tem sido feito. Os canais de mídia devem utilizar-se da mesma identidade visual da comunicação interna e trabalhar cada vez mais os três pilares com o público.

Nesse mesmo contexto, o relatório de sustentabilidade será sua ferramenta mais relevante de comunicação com o mercado. Mais uma vez a Matriz de Materialidade terá papel importante guiando os indicadores GRI que devem ser reportados e alguns outros índices como SASB e CDP podem ser acrescentados para enriquecer o produto final. Busque trazer comparativo entre os anos, estratégias de melhoria aplicadas para melhor performance dos indicadores e justificativas para os casos negativos. Invista tempo e recursos para que ele traduza todas as ações em ESG de forma transparente, concisa e confiável.

Ter uma área dedicada ao tema é uma grande conquista, mas a maior delas é que se perceba que os resultados não vêm especificamente dali. Somos grandes impulsionadores e orientadores de uma cultura que deve fazer parte de cada indivíduo, de cada área e departamento.

Uma das grandes alegrias que tenho hoje na vida profissional é quando alguém de outra área traz uma demanda porque entende que "tem tudo a ver com ESG". É sinal de que o trabalho, de fôlego, segue caminho eficiente em apresentar do que se trata cada um dos pilares, em engajar os times no tema e em mostrar que nossa empresa está disposta a investir em iniciativas relacionadas a ele.

É diário o desafio de mostrar que investir em iniciativas que impactam diretamente a vida das pessoas e em temas globais, como os da Agenda 2030 da ONU, é também investir no desenvolvimento da companhia, e o quanto pequenas atitudes individuais podem contribuir para esse objetivo. Liderar o tema é gratificante. Liderar o tema junto a essas outras mulheres que compartilham suas histórias aqui é a certeza de que estamos no caminho certo e apenas começando uma bela jornada!

B.Right:
A pedra angular escolhida

Cecilia Coelho Romero

Sócia-fundadora do escritório C. Romero Advocacia e da Consultoria em ESG – B.Right Brazil. Também é professora do Curso Compliance & Governança Corporativa Aplicados a Estratégias ESG na Faculdade ESPM. Formada pela Pontifícia Universidade Católica do Rio de Janeiro (PUC-Rio), obteve seu LL.M na New York University School of Law (NYU Law) em 2017. Possui mais de 12 anos de experiência profissional em *compliance*, governança corporativa, gerenciamento de riscos e *data privacy*. Em seu último cargo como Diretora Jurídica & Compliance na Britech S.A., atuou como Data Privacy Officer (DPO) da Companhia e foi responsável por supervisionar as atividades de compliance, M&A e parcerias internacionais na América Latina e na Europa. Ela também trabalhou como associada internacional do escritório americano Jones Day durante os anos de 2014 e 2015, onde representou uma das maiores empresas do setor de varejo dos Estados Unidos em um acordo por violação da lei anticorrupção americana (FCPA).

Dedico este capítulo a Deus. É um privilégio testemunhar a sua gentileza e o exceder da sua bondade em cada novo desafio, queda, dor e oportunidade.

1- O nascimento da B.Right

> *"Maria era especial, mas não foi única. Na Inglaterra, um grande número de bibliotecas, clubes de leitura, editoras e escritoras borbulhavam. Seus textos não se ocupavam da guerra dos sexos e elas não adotavam postura de vítimas. Estavam, sim, interessadas em fazer da escrita um domínio privilegiado, interior, discreto. Era a vida de suas almas, de seu espírito que aí encontrava lugar.[1]"*

Maria Graham foi uma pintora, desenhista, escritora e historiadora britânica. Na residência dos imperadores, Maria foi, por um curto espaço de tempo, a governanta da princesa Dona Maria da Glória, filha primogênita de Dom Pedro I e de Dona Leopoldina. Durante seu tempo em solo brasileiro, entrelaçou frequentemente as narrativas de si e as turbulências políticas em meio à independência do Brasil. O seu costume de observar as mais variadas características à sua volta era admirável e conferia uma gama ampla de assuntos aos seus diários, considerados verdadeiras obras históricas em uma época em que as mulheres tinham pouca ou nenhuma voz.

---

[1] PRIORE, Mary Del. A viajante inglesa, o senhor dos mares e o imperador na Independência do Brasil./Mary Del Priore. -1. Ed.; 1. Reimp. São Paulo: Vestígio, 2023.

Sem pretensão de me comparar com a precursora Maria Graham, a não ser pela capacidade de observar atentamente ao meu redor, como advogada e militante da área de Compliance, passei a testemunhar nos últimos anos uma oportunidade única no Brasil. Atrelado aos avanços dos Direitos de Quinta Geração consubstanciado no direito à Paz em seu caráter universal, em sua feição agregativa de solidariedade, a fim de construir uma sociedade justa[2]; a pauta ESG se intensificou no Brasil durante a pandemia do COVID-19 e, recentemente, com o crescimento do consumo como poder de voto.

Nesse cenário, eu que havia fundado em 2023 um escritório de advocacia *boutique* focado em Governança Corporativa e Compliance, me deparei com uma nova demanda dentro do escritório: produzir um Relatório ESG que trouxesse um diferencial para o setor de beleza, segmento onde o cliente estava inserido. Era uma demanda diferente, um quase manifesto dos próprios colaboradores que queriam retratar todas as iniciativas sociais de impacto em andamento. Além disso, se tratava de uma oportunidade de externalizar para o mercado as certificações ambientais que a empresa já havia obtido, fruto de um compromisso intenso com a redução das emissões de gases de efeito estufa e com a Missão, Visão e Valores para além da geração de caixa.

Era um pedido totalmente diferente, que não apresentava apenas um componente jurídico e técnico, mas um viés de comunicação muito forte, capaz de transmitir ao receptor daquele relatório a emoção e o suor de cada funcionário que trabalhava continuamente em todas as iniciativas sociais e ambientais.

Deus não une pessoas. Une propósitos. Não por acaso, em uma livraria famosa de São Paulo, em meio ao lançamento da 2ª

---

[2] BONAVIDES, Paulo. Revista Brasileira de Direitos Fundamentais & Justiça n.º 3 – Abril/Junho 2008. A quinta geração de direitos fundamentais. Disponível em: https://dfj.emnuvens.com.br/dfj/article/view/534/127

edição do livro "ESG: O Cisne Verde e o Capitalismo de Stakeholder", conheci a Larissa Mocelin, uma das coautoras dessa obra. Seu carisma e protagonismo em fundar um escritório de advocacia com foco em direito regulatório, tão nova, tocaram a minha alma. Conversamos sem olhar para o relógio e dividimos nosso anseio por alavancar a Governança Corporativa e a pauta ESG nas empresas.

A conversa evoluiu para longos almoços, cafés, abraços e estudos. Em pouco menos de seis meses, após intenso *benchmarking* e *feedback* dos nossos próprios clientes, fundamos a B.Right Consultoria Empresarial em ESG. Uma consultoria com um foco bastante específico: garantir a sustentabilidade do negócio dos nossos clientes, majoritariamente empresas familiares, considerando aspectos ambientais, sociais e de governança.

2- A Revolução da Agenda Verde e as oportunidades de mercado

> *"Daquela janela, aberta sobre as serras, entrevia uma outra vida, que não anda somente cheia do Homem e do tumulto da sua obra. E senti o meu amigo suspirar como quem enfim descansa.*[3]*"*

Assim como Maria Graham testemunhou, discretamente, o crescimento dos movimentos separatistas e a Revolução Liberal do Porto que culminaram com o rompimento entre Brasil e Portugal, eu e a Larissa acompanhamos de perto a Revolução da Agenda Verde em nossos próprios escritórios de advocacia. Clientes que nos procuravam não somente para obter uma assessoria jurídica, capaz de mantê-los atualizados com boas práticas de Compliance governança, mas uma consultoria capaz de unir o propósito de seus negócios à nova realidade ESG.

Fizemos *benchmarking* e nos reunimos inúmeras vezes para refletir sobre a finalidade da B.Right nesse contexto. E

---
[3] QUEIROZ, Eça de. 1845-1900. A cidade e as serras / Eça de Queirós – 4ª ed. – São Paulo: Ática, 2011. Pág. 114.

conversamos sobre algo que geralmente passa desapercebido durante o nascimento de um negócio: quais seriam as cores e a identidade visual dessa consultoria e o que essas cores representariam para nós e para os clientes? Entre falas e anotações, um azul escuro nascia, com toques de amarelo esverdeado, e assim como Maria, de maneira discreta e precursora, a paleta colorida entrelaçava o propósito de uma consultoria que teria uma atuação internacional, porém berço brasileiro, engajada com a Revolução da Agenda Verde, mas extremamente antenada com o negócio particular do cliente e o propósito da sua atividade no longo prazo. Foi assim que nasceu o nosso logo e manifesto. Repleto de toques nacionais e, ao mesmo tempo, mirando o mercado exterior.

Pode-se dizer que tudo foi minuciosamente estudado, desde as cores que representam a brasilidade até o significado trazido por elas. O azul simboliza a confiança que queremos que o cliente sinta na nossa consultoria, o amarelo representa o otimismo de que resolveremos os problemas de todos que nos contratarem, e o verde traz o tom pacífico de convencer as pessoas a se abrirem para o ESG.

Há quem argumente que a agenda ESG no Brasil cresceu, sobretudo, com o impulso e rigor da legislação de mercado de capitais, vis-à-vis a entrada em vigor da Resolução n.º **59 da Comissão de Valores Mobiliários (CVM)** em 2023, conhecida como o modelo "Pratique ou Explique", e as regras de diversidade na composição da diretoria e Conselho de Administração, impostas pela B3. Sobre essa afirmação, recordo os ensinamentos do filósofo Aristóteles a Nicômaco[4] em sua obra Ética: *"Por isso alguns pensam que os legisladores deveriam estimular os homens à virtude e exortá-los a avançar pelos caminhos mais nobres, na suposição de que aqueles que estão bem adiantados na formação de hábitos atenderão a tais influências, e de que punições e penalidades devem ser impostas aos que desobedecem e são de natureza inferior, enquanto os incuravelmente maus seriam*

---

[4] QUEIROZ, Eça de. 1845-1900. A cidade e as serras / Eça de Queirós – 4ª ed. – São Paulo: Ática, 2011. Pág. 114. – págs. 250 e 251.

completamente banidos. (...) Pois o controle público é evidentemente exercido por leis, e o bom controle por boas leis."

Sem dúvida, a legislação tem um papel importante em fomentar discussões corporativas e impulsionar progressos. Porém, produzir um Relatório ESG exclusivamente técnico para atender a uma demanda regulatória é extremamente confinante. Para minha surpresa e alegria, em contraponto ao incentivo oferecido pelo controle público, na B.Right passamos a observar um fenômeno diferente.

Empresas familiares de capital fechado, não sujeitas às regras da CVM ou da B3, impulsionadas pelo desejo de ter um Relatório ESG, apto a alavancar a governança corporativa e o capital reputacional daquela empresa perante o mercado. Desejo esse, muitas vezes, despertado pelos próprios colaboradores e não por investidores institucionais.

3- Conselhos para um Relatório ESG

"Cada palavra uma folha no lugar certo. Uma flor de vez em quando no ramo aberto." [5]

Acredito que uma habilidade indispensável para se produzir um Relatório ESG seja correlacionar as iniciativas internas do cliente com os 17 Objetivos de Desenvolvimento Sustentável (ODS) da ONU (https://brasil.un.org/pt-br/sdgs). É precisamente nesse momento que uma boa assessoria pode ser o diferencial para a recepção do relatório no mercado. Na B.Right, acreditamos que quantidade nem sempre se traduz em qualidade e é necessário correlacionar os Objetivos adequados, que de fato guardem relação com o negócio do cliente, para escapar do tão famoso *greenwashing*.

Por isso, enquanto o 5º ODS – Igualdade de Gênero – parece estar presente em quase todos os relatórios ESG que são divulgados ao mercado (ainda que a presença de mulheres em cargos estratégicos não seja uma realidade nessas empresas), outros, como o 12º

---

[5] MEIRELES, Cecília, 1901-1964. As palavras voam / Cecília Meireles; organização Bartolomeu Campos de Queirós, 2ª Edição, São Paulo: Global, 2013.

ODS – Consumo e Produção Responsáveis – são bastante inexplorados, pois demandam uma avaliação cuidadosa da cadeia produtiva.

Pessoalmente, a seleção dos Objetivos de Desenvolvimento Sustentável adequados é algo que me proporciona extremo prazer no momento do planejamento do relatório, porque demanda uma análise mais profunda sobre os ciclos do negócio.

Ir além da superfície e propor melhorias nos ciclos de produção, desenvolvimento e entrega do produto é a minha dica de ouro para todos que trabalham ou desejam trabalhar com relatórios ESG. Tanto na B.Right quanto no Escritório C. Romero Advocacia, aprendi que, embora sugestões de alterações nos processos e fluxos operacionais não sejam implementadas em um horizonte de curto prazo, quase sempre geram reflexões profundas no cliente e um anseio por soluções alternativas que evitem as dores de atalhos adotados no momento da constituição do negócio.

No setor do varejo, por exemplo, onde alguns dos meus clientes estão inseridos, as quebras operacionais, como armazenamento inadequado e falta de controle do estoque, são as principais responsáveis pelas perdas de mercadoria, conforme um estudo conjunto da KPMG e Abrappe[6], disposto a seguir:

Gráfico 8
Distribuição das causas de perdas por segmento (Média do Varejo)

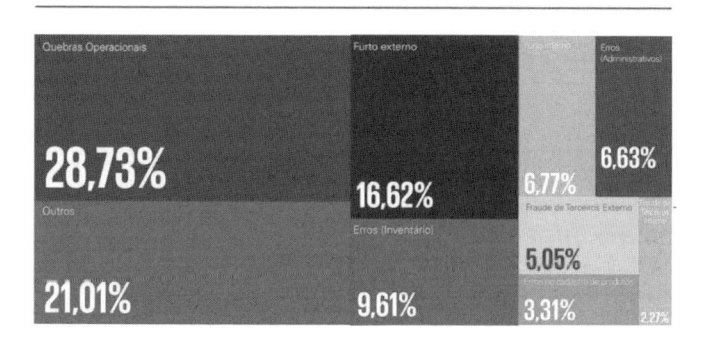

Quebras Operacionais	Furto externo		Erros (Administrativos)
28,73%	16,62%	6,77%	6,63%
Outros	Erros (Inventário)	Fraude de Terceiros Externa	
21,01%	9,61%	5,05%	
		3,31%	2,27%

---

[6] Disponível em: https://assets.kpmg.com/content/dam/kpmg/br/pdf/2023/10/Pesquisa-ABRAPPE-perdas-no-varejo-brasileiro.pdf

Sugerir mudanças para reduzir esses percentuais, provenientes, em grande parte, de desperdício, furto (interno e externo) e muitas vezes uma ausência de um Programa de Integridade e Governança Corporativa, é um desafio também do consultor que deseja ingressar nesse mercado. Por isso, é de suma importância um olhar estratégico sobre o setor do cliente e a listagem de todas as ações planejadas ao longo do ano para aprimorar a cadeia produtiva e conduzir a empresa a uma produção sustentável e responsável.

4- Pedras Portuguesas pelo caminho

Como isso vai acabar, só Deus sabe, nós ficamos por aqui, não há mais dúvida alguma, e parece-me que para sempre.7

Assim como as Pedras Portuguesas, o início da B.Right foi bastante irregular e tivemos que lidar com um grande desafio: como precificar a nossa consultoria de forma estratégica e segmentar a fase de diagnóstico da fase de estruturação do Relatório ESG? Foram idas e vindas com os primeiros potenciais clientes, até entendermos que alguns deles tinham mais interesse na fase da estruturação do Relatório do que na fase de diagnóstico das iniciativas internas de ESG. Isso se dá porque o relatório é muito mais técnico, exigindo que um profissional o faça de maneira minuciosa, principalmente se a empresa estiver alinhada com os ODS da ONU e da Agenda Global de 2030. Já o diagnóstico é mais simples de ser feito e pode ser elaborado pelo próprio Departamento de Recursos Humanos, através de levantamentos sobre as iniciativas internas. Por isso, tivemos que nos adaptar rapidamente para não tropeçar e oferecer o serviço de forma separada e independente.

Estou convencida de que não há um crescimento retilíneo ou exponencial durante o início de qualquer empresa inovadora, como

[7] PRIORE, Mary Del. A viajante inglesa, o senhor dos mares e o imperador na Independência do Brasil./Mary Del Priore. -1. Ed.; 1. Reimp. São Paulo: Vestígio, 2023. Pág. 58.

a B.Right, mas são justamente essas pedras pelo caminho, sejam elas de precificação, compreensão do público-alvo ou avanço digital, capazes de transformar o negócio em uma empresa sólida e perene. Os primeiros *feedbacks* dos nossos *leads,* que vieram no início do ano de 2024, foram fundamentais para entender o nosso público-alvo e tracionar o negócio no segmento empresas familiares de capital fechado. Por amor a essas famílias ou coincidência (ainda não sei!), venho me destacando, cada vez mais, como uma profissional especializada nesse segmento de mercado, onde a capacidade de gerir conflitos e explorar as ideias de cada membro da família de uma forma harmônica e gentil acaba sendo o fator principal para a contratação dos serviços de consultoria em ESG.

Para essas famílias, a minha missão é ir além do PDF de sempre. É propor que a estratégia ESG seja desenhada de uma forma lucrativa para o negócio e gere não somente economias e eficiências, mas também um valor estratégico de reputação e inovação na própria divulgação do Relatório, seja utilizando uma mídia social diferente ou criando um vídeo institucional pioneiro. Um bom Relatório ESG, na minha opinião, depende menos de uma exposição exaustiva das iniciativas internas e mais de uma visão estratégica de como aquele cliente se difere dos seus concorrentes e impulsiona a agenda ESG com iniciativas de longo prazo.

Essa abordagem gera recorrência no negócio e um valor estratégico para a marca, que passa a ser vista como referência de sustentabilidade e responsabilidade perante todos os *stakeholders*, incluindo os investidores e os próprios colaboradores internos.

Encerro o meu capítulo com mais um destaque ao protagonismo de Maria Graham e uma homenagem a todas as mulheres pioneiras na área ESG: *"Mas posso prometer ser uma zelosa e fiel assistente [...] e envaideço-me de que [...] tais investigações darão resultado satisfatório."* [8]

---

[8] PRIORE, Mary Del. A viajante inglesa, o senhor dos mares e o imperador na Independência do Brasil./Mary Del Priore. -1. Ed.; 1. Reimp. São Paulo: Vestígio, 2023. Pág. 123.

Inclusão como estratégia de ESG

Daniela Damiati

Consultora e gestora de ESG e Diversidade, Equidade e Inclusão (DEI), com 20 anos de carreira. Graduada em Relações Públicas pela USP (Universidade de São Paulo) e com mestrado em políticas públicas pela Universidade Federal do ABC.

Já trabalhou no Grupo Carrefour Brasil, onde coordenou a equipe de diversidade e inclusão. Atuou na Serasa Experian, liderando os projetos de DEI, sustentabilidade e inovação social. Foi coordenadora no Instituto Ethos, atuando com diversas frentes de ESG e engajamento. Trabalhou durante seis anos na TV Globo com projetos voltados para educação (Amigos da Escola e Globo Universidade) e para os direitos da criança e do adolescente (Criança Esperança). É professora do curso de Liderança Inclusiva da plataforma de cursos Descola.

Diversidade, equidade e inclusão são temas cada vez mais presentes no meio corporativo. No ambiente empresarial contemporâneo, a adoção de práticas que consideram não apenas o lucro financeiro, mas também o impacto ambiental, social e de governança (ESG) tornou-se uma tendência essencial. Esses princípios moldam as operações corporativas e são cada vez mais considerados como critérios cruciais para a reputação, saúde financeira e o sucesso a longo prazo no mercado. Empresas que integram esses pilares em sua estratégia de negócios, além de cumprirem com suas responsabilidades éticas e sociais, também se posicionam como líderes visionários e sustentáveis em seus setores.

A sigla DEI refere-se à diversidade, equidade e inclusão. Mas o que isso significa exatamente? Diversidade designa a qualidade de tudo aquilo que é diferente ou variado. No contexto do trabalho, estamos nos referindo à diversidade de pessoas. Inclusão é o ato de adicionar coisas ou pessoas em grupos de que antes não faziam parte. No mundo do trabalho, a inclusão de pessoas é uma decisão imprescindível para promover mais equidade e justiça social. Já a equidade reconhece que não somos todos exatamente iguais e que é preciso ajustar esse "desequilíbrio". Se o objetivo em uma organização é garantir que as pessoas desfrutem das mesmas oportunidades, não podemos deixar de considerar as diferenças individuais. Equidade, portanto, significa dar às pessoas o que elas precisam para que todos tenham acesso às mesmas oportunidades.

E como esses conceitos se conectam com a agenda ESG? Neste capítulo vamos mostrar exemplos de como empresas estão integrando a diversidade como parte de suas estratégias de ESG, tornando a inclusão uma peça fundamental nesse processo.

Pilar E

A preocupação com o meio ambiente se destaca como um aspecto fundamental dentro do pilar ambiental. Isso envolve adotar práticas que visam preservar os recursos naturais, gerenciar de forma eficiente os recursos naturais, promover a educação ambiental e reduzir as emissões prejudiciais. Empresas que priorizam esses aspectos não apenas reduzem seu impacto ambiental, mas também se fortalecem diante das mudanças climáticas e das regulamentações ambientais em constante evolução.

Nesse sentido, a discussão sobre DEI entra com o intuito de combater as formas de racismo ambiental. Entendem-se por racismo ambiental as práticas ou políticas de instituições ou governos que afetam de forma prejudicial as condições ambientais de moradia, trabalho ou lazer de pessoas por motivos de raça ou cor (Bullard, 2005). As estratégias de DEI aqui poderiam servir para que as pessoas de comunidades tradicionais e grupos minorizados sejam consideradas, ouvidas e envolvidas durante quaisquer projetos ou ações de empresas que se norteiam pelas práticas de ESG.

Durante alguns anos, coordenei um grupo de trabalho de resíduos sólidos formado por mais de 20 empresas no Instituto Ethos para promover boas práticas, trocar informações sobre o tema e, também, discutir sobre políticas públicas. Em 2013, as empresas do grupo criaram uma carta pública de compromissos voluntários, na qual elas se comprometiam, entre outras coisas, a priorizar a inclusão de cooperativas de catadores de materiais recicláveis nos projetos apoiados ou patrocinados por elas. Isso porque elas costumavam ser excluídas desses processos, mesmo sendo os catadores os maiores responsáveis pela reciclagem no país até então. Então esse é um exemplo de um processo de empresas que estão buscando aplicar estratégias de ESG com inclusão na prática.

Pilar S

Junto às preocupações ambientais, o compromisso social é fundamental. Isso engloba desde políticas de direitos humanos, passando por práticas trabalhistas justas e investimento em comunidades locais. Empresas socialmente responsáveis não apenas fortalecem suas relações com funcionários, clientes e comunidades, mas também contribuem para um ambiente de negócios mais equitativo e sustentável.

Nessa perspectiva, o pilar social é aquele no qual a conexão com DEI se faz mais evidente, uma vez que ações são quase sempre direcionadas para pessoas de grupos minorizados, que são aquelas que se encontram em categorias que sofrem com o preconceito, a desigualdade e a baixa representatividade em espaços de influência, mas não necessariamente são a minoria na nossa população. As pessoas negras, por exemplo, compõem mais de 50% da população brasileira, porém ainda constituem um dos grupos que sofrem maior discriminação, resultando em grandes dificuldades de ascensão profissional para elas.

No contexto do mundo do trabalho, o ideal é que a diversidade das pessoas reflita a demografia da população local. Por exemplo, no Brasil, uma pesquisa do IBGE de 2019 mostra que 51% da população é formada por mulheres e 56% se autodeclaram negras (considerando a soma entre pessoas pretas e pardas). Assim, o lógico seria que a gente encontrasse dentro das empresas ao menos a metade de mulheres e pessoas negras nas mais diversas áreas e posições, mas infelizmente a vasta diversidade demográfica brasileira ainda não está devidamente representada no mercado corporativo. O Instituto Ethos realizou uma pesquisa em 2016 analisando as 500 maiores empresas do

Brasil e constatou que pessoas pretas e pardas são apenas 34,4% do quadro de funcionários total, e esse percentual cai para menos de 5% quando se considera esse mesmo grupo nas posições de alta liderança. As práticas de diversidade e inclusão corporativa existem, portanto, para tentar fazer com que esses grupos minorizados estejam refletidos nas organizações em uma proporção semelhante à que ocorre na demografia do local. Isso, claro, visando também promover equidade e acessibilidade junto a esse processo. Daí que as principais agendas de DEI corporativas estão relacionadas com mulheres, pessoas negras, pessoas LGBTQIAP+, pessoas com deficiência, pessoas em situação de refúgio e grupos geracionais específicos (jovens em início de carreira, jovens aprendizes e pessoas 50+).

Muitas empresas já entenderam que DEI são estratégias importantes para os negócios. A consultoria McKinsey conduziu diversas pesquisas desde 2015, as quais possibilitam concluir que empresas que adotam práticas de DEI possuem lucratividade superior à média, maior capacidade de satisfazer os clientes, de reter talentos, de promover a colaboração e de inovar.

Um dos primeiros trabalhos que exerci na área de DEI foi em uma empresa que tinha processos relativamente bem estruturados para a inclusão de pessoas com deficiência. Nesse local, o prédio era quase todo acessível. Foi o único lugar em que trabalhei no qual tive uma colega que levava seu cão-guia para o escritório todos os dias. Deveria ser algo corriqueiro; porém, no mercado de trabalho, infelizmente não é. Eu era líder de um pequeno time, e nós tentávamos garantir que as pessoas com deficiência da empresa tivessem não apenas acessibilidade, mas também o acolhimento e o apoio necessários para a realização do seu trabalho. Quando uma liderança nos informava que uma pessoa com deficiência iria entrar no time, nós fazíamos uma sensibilização para todo o time no qual ela ingressaria. Pessoas surdas ou com deficiência auditiva podiam solicitar um tradutor de libras sempre que necessário. E conflitos com a liderança dessas pessoas tinham o apoio de uma especialista externa, para tentar avaliar se era mesmo uma questão com a pessoa ou capacitismo. Claro, nem tudo era perfeito e havia inúmeros desafios, mas foi muito interessante ouvir os relatos de lideranças e colaboradores do quanto enriquecedora se revelou essa convivência. E, sim, isso se refletia nos negócios também, com a busca de incluir acessibilidade na venda dos produtos da empresa.

Outra empresa em que trabalhei estruturou um dos planos antirracistas mais robustos que existiam no mercado naquela época. Era um plano completo, voltado para o público interno e externo, considerando todos os *stakeholders* da empresa e com um investimento milionário. O plano era dividido em mais de 70 ações e envolvia iniciativas como: criação de políticas internas antidiscriminatórias; capacitação profissional de jovens negros para o mercado de trabalho; criação de ações afirmativas (incluindo programas de *trainee* e de estágio voltados para pessoas negras); programa de aceleração de carreira para pessoas negras dentro da empresa; criação de mecanismos de denúncia voltados para o público interno e externo; investimento social privado, incluindo ações de aceleração de negócios para pessoas negras e pagamentos de bolsas de estudo de graduação e pós-graduação, entre outras ações. Esse plano vinha na esteira de uma crise gigante pela qual a empresa passou após acontecer um grave crime em uma das lojas dessa companhia, com um forte cunho racial.

Muitas vezes as empresas só começam a investir em diversidade e inclusão depois de terem alguma crise de imagem, o que é um erro enorme, pois o público percebe facilmente a falta de intenções genuínas por trás desses projetos. Não foi o caso dessa empresa, uma vez que, quando essa crise estourou, ela já tinha, fazia oito anos, um time interno dedicado a trabalhar com projetos de DEI. Obviamente, essas ações não foram suficientes para evitar o problema, mas a empresa prontamente entendeu isso e fez do plano antirracista uma prioridade. Entrei na empresa para coordenar justamente a implementação desse plano e das outras ações do seu time de diversidade, uma vez que as outras agendas de inclusão para além da racial seguiam internamente e não podiam perder a força também.

Foi um desafio com um aprendizado incrível e de muito impacto. Eu tinha um contato próximo e regular com muitas lideranças C-Level da companhia e pude ajudá-los em muitos processos de tomadas de decisão. Idealizei e implementei treinamentos de diversidade e inclusão, que foram realizados por todas as pessoas que trabalhavam na empresa, incluindo toda a liderança. Meu time liderou inúmeras campanhas e ações internas e externas relacionadas à agenda de inclusão. E tudo isso apoiado com muitos dados. Era realmente uma estrutura completa de diversidade e inclusão corporativa, com time, orçamento, projetos e metas. No entanto, como acontece com tantas instituições, mudanças na alta liderança desmantelaram boa parte desse arranjo, alterando os resultados também.

Outros projetos de inclusão que me marcaram foram as ações que liderei para a contratação de pessoas em situação de refúgio, os cursos de qualificação profissional para pessoas trans criados pelo meu time, os processos que apoiei de mentoria para a aceleração de carreira de lideranças femininas e, claro, minhas inúmeras tentativas de promover agendas relacionadas à parentalidade e a questões geracionais dentro das empresas.

Pilar G

Por fim, a governança eficaz forma a base sobre a qual todas essas práticas são construídas. Isso inclui desde estruturas de liderança transparentes até políticas de *compliance* e responsabilidade corporativa. Empresas com uma sólida governança não apenas minimizam riscos e maximizam oportunidades, mas também cultivam a confiança de seus *stakeholders* e investidores.

Dessa forma, empresas inclusivas e que levam a sério as práticas de ESG entendem que é necessário ter um conselho administrativo com representatividade e não apenas composto por homens brancos. Elas adotam rigorosas políticas antidiscriminatórias, tanto por uma questão imperativa ética, quanto para evitar riscos. E elas cumprem as leis, englobando também a legislação que tange à agenda de inclusão, de forma a garantir ações tais como a equiparação salarial entre homens e mulheres no mesmo cargo, o respeito e implementação da cota de pessoas com deficiência e a realização de programas de prevenção e combate ao assédio sexual, apenas para citar algumas.

Pessoalmente acredito que as ações de diversidade e inclusão que entram na esfera de governança do ESG são as mais perenes. Por exemplo, uma vez supervisionei uma revisão completa de todas as políticas e contratos da empresa em que trabalhava, para torná-los mais inclusivos e inserir cláusulas antidiscriminatórias. Foi uma ação de grande impacto, que afetou todos os fornecedores, ajudando a mobilizar assim o mercado externo também. Nessa mesma empresa, estabelecemos metas de diversidade e inclusão para toda a liderança, com resultados mensuráveis, que impactavam a remuneração do bônus dos executivos. Esse tipo de ação ajuda a assegurar que toda a liderança se comprometa com as práticas de diversidade e inclusão da empresa a médio e longo prazos.

Eu me lembro também de uma situação de quando trabalhei em uma empresa que estava começando o novo ciclo de avaliação de performance dos trabalhadores. Observando os resultados do ano anterior, notei que as mulheres que retornavam da licença-maternidade estavam tendo quedas nas suas avaliações. Investigando, descobrimos que a empresa avaliava as mulheres pelos últimos 12 meses de trabalho, incluindo, portanto, o período da licença. Dessa forma, ficava parecendo que essas mulheres passaram meses sem resultado algum. Acontece que a licença-maternidade não pode ser considerada um período ativo de trabalho, por isso ajustamos a avaliação, para que essas profissionais fossem analisadas apenas dentro dos meses em que estiveram presentes na empresa. Parece algo simples, mas foi extremamente importante para a promoção da equidade naquele contexto.

Considerações finais

Creio que já deu para entender como a DEI se insere no contexto do ESG. No entanto, vale destacar que existe um fator determinante para viabilizar a eficácia das estratégias de DEI dentro das organizações: a liderança. Um estudo da Korn Ferry de 2020 concluiu que a diversidade só levará a melhores resultados nos negócios se a gestão for inclusiva. Isto é, a eficácia das estratégias de diversidade está diretamente relacionada à existência de lideranças com práticas inclusivas nas diversas áreas da companhia. Trabalhando há muitos anos nessa área, posso assegurar que isso se reflete na prática.

Muitos investidores e consumidores estão cada vez mais preocupados com as práticas ESG das empresas, e a inclusão da DEI nessas práticas é vista como um indicador de responsabilidade corporativa e sustentabilidade a longo prazo. Portanto, a inclusão desempenha um papel crucial no contexto mais amplo das estratégias ESG. Nesse sentido, a integração da diversidade no ESG não é apenas uma prática ética, mas também pode trazer benefícios tangíveis para as empresas.

Por fim, vale destacar que as práticas de ESG e DEI estão sendo cada vez mais questionadas. Isso é legítimo e importante para a evolução do processo, uma vez que infelizmente ainda existe muita prática de *diversitywashing*. No entanto, isso não significa que as práticas sérias de DEI e ESG devem ser abandonadas. Pelo contrário! Em um mundo cada vez mais permeado por tecnologia e inteligência artificial, o que seguirá sendo um diferencial competitivo e de impacto social serão sempre as pessoas. Daí a importância de se entender que a inclusão é a grande estratégia diferencial e inovadora do ESG.

Referências

BULLARD, Robert. Ética e racismo ambiental. *Revista Eco 21*, Rio de Janeiro, ano XV, n. 98, 2005. Disponível em: https://ambientes.ambientebrasil.com.br/educacao/textos_educativos/etica_e_racismo_ambiental.html.

Instituto Brasileiro de Geografia e Estatística (IBGE) (2020). Pesquisa Nacional por Amostra de Domicílios Contínua: características gerais dos domicílios e dos moradores. 2019. Rio de Janeiro. Disponível em: https://biblioteca.ibge.gov.br/visualizacao/livros/liv101707_informativo.pdf.

Instituto Ethos. Perfil social, racial e de gênero das 500 maiores empresas do Brasil e suas ações afirmativas. 2016. São Paulo. Disponível em: https://issuu.com/institutoethos/docs/perfil_social_tacial_genero_500empr.

Korn Ferry. The 5 disciplines of inclusive Leaders. 2020. Disponível em: https://www.kornferry.com/insights/featured-topics/diversity-equity-inclusion/5-disciplines-of-inclusive-leaders.

McKINSEY. Diversity Wins: How inclusion matters. 2020. Disponível em: https://www.mckinsey.com/featured-insights/diversity-and-inclusion/diversity-wins-how-inclusion-matters.

Sebrae. Entenda a diferença entre ESG e sustentabilidade. 2022. Disponível em: https://sebrae.com.br/sites/PortalSebrae/artigos/entenda-a-diferenca-entre-esg-e-sustentabilidade,4af474cd892a2810VgnVCM100000d701210aRCRD.

Comunicação:
o pulmão do ESG

Dani Klein

LINKEDIN

Diretora-executiva da KICk Group, com formação em Jornalismo pela Universidade Federal de Juiz de Fora (UFJF) e pós-graduações em Gestão de Energia, Marketing e Gerenciamento de Crises. Certificada em GRI Reporting, pela GRI Academy e em Engajamento de Partes Interessadas pelo Banco Interamericano de Desenvolvimento (BID). Com duas décadas de experiência em comunicação, dedicou os últimos 16 anos ao segmento socioambiental e gestão de imagem. Foi responsável pela estruturação do setor de comunicação das pastas de meio ambiente do Governo do Estado do Espírito Santo (2008/2011). Atualmente, lidera estratégias de comunicação e engajamento de *stakeholders*, impulsiona a implementação da agenda ESG, orienta e desenvolve Relatórios de Sustentabilidade no setor privado.

Após duas décadas dedicadas à comunicação, percebi como os princípios de Environmental, Social, and Governance (ESG) são intrínsecos à eficácia da comunicação. Neste contexto, identifiquei duas "maldições" que desafiam a fluidez do processo comunicativo e, por extensão, o desempenho do processo ESG. A primeira, a "maldição da ignorância", ocorre quando gestores presumem possuir conhecimentos específicos de comunicação e ESG, levando a percepções desalinhadas com as expectativas dos *stakeholders*, algo similar ao efeito *"Dunning-Kruger"*, quando indivíduos superestimam sua competência. A segunda, a "maldição do conhecimento", acontece entre aqueles que, com tão profundo entendimento sobre um tema, veem-se incapazes de simplificar a informação para torná-la acessível a não especialistas.

Barreiras na comunicação ESG e o risco de crises

Ignorar essas barreiras na comunicação é um limiar muito sensível, pois potencializa o risco de crises. Esta compreensão levou-me a refletir sobre os prejuízos gerados ao processo ESG quando há convicção de que a habilidade de falar e escrever, por si só, é saber comunicar.

Empresas com processos estruturados, registrados e bem divulgados conseguem reverter, com muito menos complexidade, cenários críticos, enquanto outras encontram-se frequentemente em uma posição de vulnerabilidade, lutando prolongadamente para gerenciar a percepção pública e interna, e tendo maiores desgastes. Já presenciei problemas evoluírem para crises em empresas onde lideranças se fechavam em bolhas no seu setor, com relatórios feitos de forma isolada, sem trazer conexão com as demais áreas, atrasando o entendimento holístico e a análise pela alta governança.

Do *greenwashing* ao propósito legítimo

A crise brota em entidades que fragmentam a comunicação, gerando falta de coesão na narrativa corporativa. Não se resume o departamento de comunicação a vendas, focado em *briefings* para campanhas promocionais, ou para disparo de *releases* que são percebidos como "lixo eletrônico" por jornalistas. Fazer isso é criar um oásis de *"washings"*, alegações falsas de adoção de medidas sustentáveis, uma sangria para a reputação e autoridade da marca.

- *Greenwashing:* tentativa de parecer mais ambientalmente responsável sem ser.
- *Socialwashing:* apresentar-se como socialmente responsável sem comprovar.
- *Purposewashing:* afirmar ter um propósito sem ações concretas que o sustentem.
- *ESGwashing:* afirmar comprometimento com critérios ambientais, responsabilidade social e governança ética, sem evidências.

O que aconteceria com uma empresa que está negociando uma série de demissões, e nas mídias sociais aproveita o Dia do Trabalho para dizer que sua maior riqueza são seus colaboradores? E se chegasse um release à redação sobre a festa de aniversário da empresa no dia seguinte à morte acidental de um trabalhador em suas operações? Que tal uma campanha na TV promovendo um produto com problemas de produção e com alto índice de reclamações e devoluções? Apostar na não integração é alto risco para a reputação.

Em cada um dos cenários descritos, a incongruência entre as ações da empresa e suas mensagens públicas pode levar a uma percepção negativa por parte do público, impactando diretamente a imagem e credibilidade da organização. Essa falta de alinhamento entre o discurso e a realidade operacional ou situações vivenciadas pela empresa é uma deficiência crítica na análise e avaliação dos fatos, resultando em decisões de comunicação com *timing* inapropriado.

A celebração dos colaboradores em redes sociais durante cortes de pessoal pode ser vista como hipocrisia; a promoção de uma festa corporativa logo após um acidente fatal, indicar insensibilidade; e uma campanha publicitária para um produto com problemas de produção, refletir uma falta de propósito e respeito com o consumidor.

A humanização das ações e a comunicação feita com transparência e agilidade podem mitigar os impactos negativos até de um acidente trágico. Trabalhei na crise deflagrada por um acidente fatal envolvendo um trabalhador em seu primeiro dia de serviço. Na ocasião, a empresa adotou medidas imediatas e de forma cirúrgica. Em minutos, a alta liderança foi informada; a equipe de comunicação corporativa e recursos humanos, mobilizada; e a assistência, prontamente enviada à família da vítima e ao motorista envolvido. A resposta incluiu a presença do CEO no local do acidente, a liberação dos colaboradores, a cobertura das despesas do funeral e o anúncio de um treinamento de reforço de segurança obrigatório a todos, demonstrando preocupação e respeito.

Um comunicado foi emitido em menos de uma hora após o acidente, sem expor o nome do motorista ou culpabilizar a vítima, e as ações tomadas reiteraram o compromisso com a segurança. No mesmo dia, na TV, a família é entrevistada, lamenta a perda, mas explica que foi um acidente, tendo sido avisada pelo empregador e recebido toda a assistência, agradecendo ao final à empresa.

Neste caso, o processo de comunicação da crise não estava suposto; estava pensado, planejado, desenhado, treinado e registrado em documentos de fácil acesso. O trabalho foi feito por uma equipe bem conectada para uma ação integrada. Também não se baseou em "apagar fogo", mas em ter soluções efetivas e garantir uma capacidade rápida de resposta para todos os *stakeholders* envolvidos. Preparar uma instituição para esse grau de maturidade é uma jornada intensa que fui absorvendo de trás para frente em minha carreira, do gerenciamento do caos de uma crise à prevenção de riscos.

Os desafios me fizeram entender que, para superar os riscos, era preciso superar as "maldições". O caminho demanda uma abordagem comunicativa planejada e executada com profissionalismo, utilizando como escudo padrões de referência globais, a exemplo da AA1000 Series of Standards e do Global Reporting Initiative (GRI) Standards. Uma atuação como ferramenta estratégica dentro das organizações, como um "pulmão" oxigenando as relações com todas as partes interessadas, conectando ações e resultados e dando subsídio para que a alta governança tenha fôlego em suas tomadas de decisões: um pulmão da agenda ESG.

Uma das histórias que considero bem ilustrativa sobre esse papel da comunicação é o de uma grande empresa, localizada em um território bastante vulnerável, que se instalou atendo-se ao estrito cumprimento de exigências e do licenciamento ambiental. Achou desnecessário um setor de comunicação, pois não tinha interesse em mídia, autointitulou-se *low profile*, e colocou um comunicador em campo terceirizado para intempestivamente rodar as comunidades do entorno, distribuir *folders* para atender às campanhas obrigatórias e dar esclarecimentos, caso fosse preciso. Em menos de um ano de operação, meu telefone tocou. Hora de fazer o trabalho de trás para frente novamente.

O incêndio na reputação colocou o nome da marca em destaque em veículos de grande circulação, e a pressão no Ministério Público, Governo Estadual e Prefeitura local exigiu resposta dessas entidades. A repercussão negativa começou a criar barreiras para suas operações, e bateu à porta a conta dos primeiros prejuízos financeiros. Gerenciar essa crise foi montar um quebra-cabeças de muitas peças: juntar as respostas à sociedade em documentos fragmentados por setor, ativar canais de comunicação como sites e redes sociais, com adição de conteúdos não técnicos, treinar porta-vozes que acreditavam que não precisavam dar satisfação, intermediar uma aproximação nas relações institucionais com os órgãos públicos fiscalizadores e reguladores. Ah! E lá estavam as "maldições"!

Uma crise vencida nunca é fogo apagado. A brasa fica e basta uma brisa mais forte para que o problema volte a queimar. Mas, onde a cultura corporativa não enxerga ESG como agenda fundamental, a preocupação da liderança não é buscar soluções efetivas, é só sair do caos e não ter problema financeiro. Mudar a cultura é um desafio e um exercício de paciência absurdo.

No caso, o primeiro aliado foi o setor jurídico. Juntos, conseguimos repensar políticas e o próprio código de ética, em um exercício que trouxe autoconhecimento e apontou necessidade de se criar regras em outros setores. A segurança da prática de compras, sobre como a empresa estava atuando para garantir a contratação de fornecedores que respeitam os direitos humanos, foi um exemplo.

A evolução e o amadurecimento da Governança esbarrou no Social e no Ambiental. Foi então que a alta governança convenceu-se de que era preciso um departamento de comunicação. Ter profissionais internos garantindo a troca e a organização de informação foi um passo largo na construção. O alinhamento com o RH trouxe dados relevantes para entender e atender o público interno. As primeiras vagas afirmativas foram abertas, e campanhas de conscientização começaram a ser trabalhadas com foco no perfil dos colaboradores. Além disso, via setor jurídico, um canal de denúncias foi contratado. Outra questão essencial foi que os resultados das ações passaram a ser discutidos e planilhados, e iniciou-se uma base de histórico de dados.

A empresa começou a aderir ao processo ESG, e o primeiro Relatório de Sustentabilidade elaborado de acordo com diretrizes GRI foi um choque de realidade, mostrando que ainda havia um longo caminho no avanço desta agenda. Muitos indicadores foram conquistados, mas a lacuna de Responsabilidade Social, especialmente no que envolve a comunidade afetada pelas operações, e a limitação da área Ambiental, fiel cumpridora do licenciamento ambiental, ficou evidente. As fraquezas e os riscos foram expostos.

Em resposta, processos e procedimentos internos foram atualizados. O trabalho também incluiu a elaboração de manuais, o treinamento de colaboradores, o desenvolvimento de um código de ética de fornecedores e a incorporação de novas regras de *due diligence*. O setor de comunicação passou a ser comunicação e responsabilidade social, com orçamento específico para desenvolvimento, apoio e patrocínio de projetos, especialmente nas comunidades impactadas. Uma consultoria especializada foi contratada para ouvir os territórios e entender suas necessidades. Processos de registros de indicadores foram trabalhados.

A gerência ambiental foi a mais resistente neste caso, apegando-se à cultura do "não preciso dar satisfação" e na ideia de cumprir a legislação e pontualmente oferecer projetos pensados e feitos unilateralmente do setor para a comunidade. Havia falta de conhecimento concreto sobre as comunidades impactadas, e conceitos internacionais, inclusive sobre o que é vulnerabilidade, eram distorcidos. Mas as cartas foram postas à mesa. O setor de comunicação pôde oferecer *reports* à diretoria, e passou a ser uma decisão estratégica consciente da alta governança como tratar o ESG na área ambiental.

Esses são exemplos de como a comunicação bem estruturada, interligada diretamente à alta governança, ciente e consciente dos desafios e metas da corporação, na legítima função de integrar os demais setores, levantando informações pontuais e redistribuindo-as de forma congruente e analítica, oxigena e permite à gestão visão holística e tomadas de decisões mais assertivas. Essa posição é extremamente favorecida em instituições com culturas sustentáveis, assim como favorece a implantação e o amadurecimento da empresa em ESG, em um ciclo retroalimentador que potencializa a diminuição de riscos.

A alta governança na comunicação sustentável e transformação ESG

Se há dez anos convencer uma organização a se comprometer com uma comunicação sustentável era muito mais pela oportunidade do caminho da dor, das crises, do que pela consciência prévia do risco, percebo que atualmente o cenário está muito mais sensível. O envolvimento do mercado financeiro foi um divisor de águas e, concorde ou não o empreendedor de que imposições de financiadores em aspectos diversos da sua operação são justas, o debate foi posto e o conceito ganhou a simpatia da maioria da sociedade mundial.

Mas orientar uma mudança de cultura exige mais do que apenas apresentar novas regras. A começar, são primordiais o apoio e o desejo de mudança por parte da diretoria, assim como o respaldo do conselho administrativo. Sem a concordância e o engajamento dos líderes principais, os esforços de transformação são inúteis.

Na minha experiência, o ponto inicial é a Governança. Políticas e regras, procedimentos e treinamento das pessoas sobre o que o empregador espera com as mudanças e a adesão à agenda ESG são o alicerce para alcançar as outras áreas. A partir dessas definições, começam os questionamentos e o levantamento de dados. Por exemplo, se a empresa diz que homens e mulheres são tratados com equidade e não aceita nenhum tipo de discriminação, é preciso analisar se os números condizem com o discurso, buscando o quantitativo de mulheres em quadros de liderança e das oportunidades de carreira para equilibrar os percentuais, mapeando a diversidade entre colaboradores.

Cada ponto levantado que não ofereça provas suficientes precisa ser trabalhado. Mas cuidado, ao levantarem os dados e verificar se há falhas, sejam de registro, sejam de ação, o gestor e a equipe da área comumente se sentem "auditados". Aqui pode começar a surgir resistência; então, valem muito jogo de cintura, conscientização sobre como o resultado beneficia a todos e aquele apoio do pessoal lá de cima, da alta governança. Também é fundamental atuar com normas e padrões reconhecidos como base, para demonstrar que não é nada inventado ou pessoal. Avanços concretizados merecem ser divulgados com transparência, isso também mostra reconhecimento aos setores que trabalharam nas iniciativas de melhora.

Se sentir que um gestor não aderiu ao movimento, não insista com ele e não construa os indicadores para ele, mesmo que isso seja possível para você com base em documentos de outros setores! Eu cometi esse erro algumas vezes, só serviu para desgastar a relação, atrasar o fluxo e estressar-me. Siga a agenda com os setores que entenderam a proposta. Como você vai trabalhar em cima de indicadores padronizados, a alta governança é quem vai decidir o que fazer com a lacuna que houver.

Por último, mas de suma importância, mapeie com cuidado as partes interessadas, saiba como se comunicar com cada uma e alinhe a comunicação para nunca falar e sim demonstrar. Do *post* sobre data comemorativa nas redes sociais ao Relatório Anual de Sustentabilidade, conheça o objetivo e as metas de resultado, tenha capacidade de comprovar cada palavra e ou imagem publicada e de garantir compromissos genuínos.

A comunicação visa a educar e conscientizar tanto o público interno (funcionários, gestores) quanto o externo (clientes, comunidade, parceiros) sobre as práticas da empresa. Constrói e mantém a transparência, o que é essencial para a confiança dos *stakeholders*, e auxilia no engajamento comunitário e na promoção de parcerias estratégicas que ampliam o impacto das iniciativas de ESG.

Ao contrário do que muitos podem presumir, a gestão de comunicação não é intuitiva, mas deve ser fundamentada em análise crítica de cenários e capacidade de antever e mitigar riscos potenciais. Este entendimento faz respirar a agenda ESG, na qual as expectativas de transparência, responsabilidade e integridade nunca foram tão altas.

A jornada ilumine: transformando vidas e construindo esperança

Débora Moraes

É psicóloga e tem mais de 15 anos de experiência na área de Recursos Humanos atuando em grandes empresas como Itaú Unibanco e Dasa.

Possui um forte senso de justiça e, consequentemente, sempre teve grande paixão pelos temas ESG. Ao longo da sua carreira liderou a criação da área de Diversidade e Inclusão em uma das empresas em que trabalhou e teve a alegria de ser coordenadora voluntária da ONG Hai África.

Em 2019 ampliou sua atuação além da área de Recursos Humanos, atuando também na área de Saúde Mental. Além de trabalhar em RH, é psicóloga clínica e uma das cofundadoras do Instituto Ilumine, uma ONG que promove saúde mental para jovens em situação de vulnerabilidade socioeconômica.

É sobre a sua empolgante jornada de criação do Instituto Ilumine que escreveu seu capítulo.

A história do Instituto Ilumine começou quando uma inquietação interna surgiu, me desafiando a descobrir novas formas de gerar impacto através do meu trabalho. Eu já ocupava uma posição executiva quando senti que era hora de novos desafios e expandir as disciplinas da minha atuação. Foram mais de 15 anos trabalhando na área de RH, nos quais eu pude olhar essencialmente para as pessoas e as formas que as dinâmicas individuais e coletivas poderiam se configurar de modo que trouxessem resultados positivos tanto para as empresas quanto para os profissionais.

Como nada na vida é por acaso, durante esse momento de reflexão e busca por mudanças recebi um convite especial que, mal sabia eu, me colocaria numa ampliação de carreira e abriria portas para uma jornada fascinante.

Um dia, enquanto caminhava pelo corredor do escritório, entre uma sala de reunião e outra, cruzei com o CEO da empresa e, nessa oportunidade de troca rápida de palavras, ele compartilhou comigo um desejo: criar um pilar social que pudesse fazer a diferença na vida das pessoas. Não parava aí. Para a minha surpresa, ele me convidou para ser parte do processo de ideação, elaboração e implementação dessa frente, pois via em mim o perfil alinhado para esse tema.

Meu coração se alegrou muito com o convite! Acho que dá para imaginar o tamanho da emoção, não é mesmo? Devido ao meu forte senso de justiça e à minha disponibilidade quase que incansável em ajudar as pessoas e organizações com seus dilemas, as pautas de ESG já faziam parte do meu dia a dia, eu havia recentemente implementado iniciativas de Diversidade e Inclusão na empresa, além de ser coordenadora voluntária de uma ONG chamada Hai África. Ter a oportunidade de construir um pilar social do zero era um desafio único e apaixonante. É claro que aceitei o convite!

Criar um instituto do zero não é tarefa fácil. Foram muitas conversas de alinhamento do propósito do projeto, ouvimos especialistas do terceiro setor, visitamos diversas organizações não governamentais e mergulhamos nas demandas existentes e lacunas a serem preenchidas.

Como nenhuma experiência que temos na vida é desperdiçada, foi exatamente nessa hora de fazer acontecer que eu pude reconhecer o quanto os mais de 15 anos de atuação dentro do universo corporativo foram cruciais para me preparar para esse momento. Eu já carregava comigo uma bagagem sólida em gestão de times, gerenciamento de projetos, habilidades interpessoais para negociação e mediação de conflitos, além da noção das principais funções administrativas que são necessárias para estruturar e manter uma organização funcionando.

Nasceu então o Instituto Ilumine, uma instituição sem fins lucrativos com a missão de promover a saúde mental de jovens em situação de vulnerabilidade socioeconômica.

Sabíamos que para chegar mais longe seria crucial ter as pessoas certas conosco. Logo no início, tive a sorte de conhecer uma profissional brilhante, a Camila Moreno. Nós compartilhamos a mesma paixão pelos temas relacionados à saúde mental e, por isso, Camila se juntou ao time do Ilumine. Juntas começamos a construir, tijolinho por tijolinho, esse projeto transformador.

Foi preciso muita convicção para não deixar o sonho esmorecer. Era frequente o questionamento das pessoas de fora a respeito da proposta e entrega de valor do instituto. A paciência virou uma amiga íntima que dia após dia me lembrava que não se constrói uma casa com boa fundação da noite para o dia. Diante desses desafios, se eu tivesse que dar um conselho para quem está na etapa de criação de um projeto social seria: cuide do sonho para que ele continue vivo e cheio de força. Reafirme a visão e o propósito com frequência.

Chegamos à etapa de modelar a entrega em si. Como o tema central era a promoção da saúde mental dos jovens, nós desenvolvemos uma jornada de autoconhecimento especialmente voltada para eles.

Realizamos um piloto em Nova Sepetiba, no Rio de Janeiro, em parceria com a Pastoral do Menor. Tivemos a oportunidade de aplicar a jornada para 30 jovens que faziam parte de um dos programas da Pastoral.

Os *feedbacks* dos participantes foram muito positivos e isso nos deixou bastante entusiasmados. Além dos depoimentos, pudemos acompanhar os jovens por um período após os encontros presenciais, oferecendo mentoria, e testemunhamos a maioria deles caminhando em direção aos seus sonhos.

Foi um ótimo início e conseguimos validar com o Conselho o orçamento para expandir a aplicação da jornada.

Tudo parecia estar indo muito bem no início de 2020, estávamos prontos para levar a Jornada Ilumine para um número ainda maior de jovens. No entanto, algo inesperado mudou completamente o rumo das coisas: a pandemia de COVID-19.

Tínhamos criado um programa totalmente presencial, repleto de atividades vivenciais, com metodologias que buscam promover mudanças de comportamento e uma nova forma de enxergar o mundo. Inicialmente, assim como muitos, pensamos que a crise seria breve, mas a pandemia persistiu por muito mais tempo do que poderíamos imaginar. Conforme acompanhávamos a evolução da crise, percebemos que, além dos assustadores números da COVID-19, outro dado começava a se destacar: o aumento dos problemas de saúde mental decorrentes do isolamento social imposto a toda a sociedade.

Essas estatísticas alarmantes nos mobilizaram profundamente. Tínhamos em mãos um conteúdo valioso que poderia ajudar esses jovens a enfrentarem os desafios da saúde mental. Mas como fazer nosso trabalho chegar aos jovens neste momento de isolamento social?

Não desistimos diante desse obstáculo. Lançamos o site do Instituto Ilumine e transformamos nossa jornada presencial em uma websérie para os jovens e os educadores, pois sabíamos que esse grupo também estava precisando de cuidado, já que, além do caos pandêmico, tiveram que da noite para o dia aprender a dar aulas no formato online.

Tudo parecia estar correndo bem no lançamento do site. As séries para os jovens e educadores estavam lindas, havíamos convidado profissionais excelentes para compor nosso quadro de apresentadores e investimos em cenário e edição. Estava tudo perfeito. Ou quase. Cometemos o erro de não considerar o cansaço das pessoas em relação ao consumo de conteúdo digital. Embora nosso material fosse relevante para o momento, as pessoas nos diziam que lhes faltava motivação para ficar ainda mais tempo de frente para as telas. A adesão foi baixíssima e concluímos que teríamos de repensar a estratégia.

Essa experiência foi um aprendizado valioso. Percebemos que, mesmo atuando no terceiro setor e oferecendo ferramentas de cuidado sem custo, é essencial planejar, mapear a demanda e entender os interesses do público-alvo. Desenvolver um projeto com baixa adesão não era ruim apenas para os nossos números internos, mas também porque sabíamos que estávamos deixando de atender a uma necessidade da sociedade e que poderia realmente impactar na qualidade de vida das pessoas. Obter recursos financeiros para projetos sociais costuma ser muito desafiador, portanto, nós aprendemos que cada investimento precisa ser cuidadosamente avaliado antes de ser realizado.

Infelizmente, essa falha resultou também em uma perda de confiança por parte do Conselho em relação ao projeto. Diante do baixo engajamento de adesão ao conteúdo online, ficou a preocupação sobre se o investimento no presencial faria sentido. No entanto, nós, Camila e eu, acreditávamos profundamente na potência e importância desse projeto. Tínhamos escutado diversos educadores durante a pandemia e sabíamos que o problema só se intensificaria. Defendemos arduamente a necessidade de continuidade do projeto e conseguimos aprovação para seguirmos. Redesenhamos nossa estratégia e recomeçamos com mais determinação do que nunca.

Os dados sobre saúde mental entre os jovens são alarmantes: 34% deles apresentam dificuldades em controlar suas emoções[1]; 2 em cada 3 estudantes da rede estadual de São Paulo relataram sintomas de depressão e ansiedade[2]; 50% dos problemas de saúde mental têm início até os 14 anos de idade, e 75% até os 24 anos, sendo que cerca de 80% dos casos não são diagnosticados ou não recebem tratamento adequado[3]. Além disso, entre 2011 e 2018, ocorreram 339.739 lesões autoprovocadas no Brasil[4].

Esses números nos mostram a importância crucial de continuarmos avançando com nosso projeto. E é exatamente isso que temos feito. Em 2022, estabelecemos uma parceria com a Escola Estadual Esmeralda Becker e levamos a Jornada Ilumine para 300 jovens, com idades entre 14 e 19 anos, que estão no último ano do Ensino Fundamental II e Ensino Médio.

O objetivo dessa jornada é ajudar os jovens a desenvolverem a capacidade de gerenciar suas emoções e a aumentarem sua autoestima. Para alcançar esse objetivo, os conduzimos por

---

[1] Pesquisa DataFolha, Itaú Social, Fundação Lemann e BID, 2022.
[2] Boletim Epidemiológico – Ministério da Saúde.
[3] Levantamento sobre Saúde Mental no Brasil, Instituto Cactus, 2021.
[4] Organização Pan-Americana da Saúde, setembro de 2018.

um caminho de autoconhecimento, resgatando suas histórias de vida e oferecendo exercícios que os ajudam a se conhecerem melhor. Criamos um espaço seguro para que possam expressar seus sonhos e ambições. Entendemos suas angústias, suas forças, habilidades e fragilidades. A partir disso, discutimos seus sonhos e os auxiliamos na elaboração de um plano de ação para torná-los realidade.

Acreditamos firmemente que, ao cuidarmos dos sonhos desses jovens, estamos também cuidando de sua saúde mental. O trabalho realizado nessa escola foi gratificante. Recebemos depoimentos emocionantes de jovens que tiveram uma melhora significativa em sua autoestima e de outros que encontraram coragem para buscar ajuda no tratamento de seus problemas de saúde mental. Levar esse tema para a escola foi um passo importante para quebrar tabus e falar abertamente com os jovens sobre essa realidade.

Outro aprendizado valioso que adquirimos ao longo dos últimos anos foi a importância das métricas. Apenas *feedbacks* positivos não são suficientes para sustentar o crescimento de projetos sociais. Por isso, trouxemos uma cientista de dados para nos auxiliar nessa frente e desenvolvemos um questionário para validar se estamos cumprindo nossos objetivos com excelência: ajudar os jovens a reconhecerem e gerenciarem suas emoções, além de aumentar sua autoestima.

Ainda é cedo para chegarmos ao indicador de impacto, enquanto escrevo este capítulo, estamos nos preparando para iniciar o trabalho em uma nova escola, onde aplicaremos o questionário para validar nossa tese. Nesse estudo teremos um grupo experimental e um grupo de controle, comparando os avanços na saúde mental entre os jovens que passarão pela Jornada Ilumine e os que não passarão. Serão necessários alguns anos de coleta de dados para que tenhamos os dados acurados do impacto objetivo da metodologia desenvolvida.

O comprometimento com a mensuração dos resultados nos trouxe uma perspectiva ainda mais ampla do propósito do Ilumine. Sabemos que toda experiência de construção e aplicação poderão ser valiosas e aproveitadas por outros grupos que se proponham a construir iniciativas semelhantes.

Em breve vamos divulgar os primeiros resultados do estudo e estou otimista e empolgada com a possibilidade de você, caro leitor, buscar novidades sobre o projeto assim que terminar de ler este capítulo.

Antes de concluir, gostaria de expressar minha imensa felicidade por todos os aprendizados que obtive nessa ampliação de carreira. Foi uma verdadeira aventura!

Se você também se sente inspirado por essa história e deseja se envolver em pautas de ESG, o momento de agir é agora! Cada um de nós tem o poder de fazer a diferença por meio das pautas ESG: ambientais, sociais e de governança. Você pode começar adotando práticas sustentáveis que cuidem do planeta, participando de ações que promovam o bem-estar das pessoas e se engajando com iniciativas de governanças éticas para construirmos um futuro mais justo e equilibrado para todos.

Você pode ser um agente de transformação, criando uma nova iniciativa ou então juntando forças com grupos já existentes e que se dedicam às pautas ESG.

Juntos, podemos criar um mundo melhor, onde a harmonia entre a natureza, as comunidades e as empresas seja uma realidade tangível.

Integrando ESG no agronegócio: uma trajetória de inovação e sustentabilidade

Deisy Granado

Coordenadora em Operações do Agronegócio no Luchesi Advogados desde 2016, com foco em ESG e agronegócio. Formada em Direito pela Universidade Mackenzie, possui MBA em ESG e Inovação pela PUC/MG, MBA em Agronegócio pela ESALQ, Pós-Graduação em Direito Urbanístico e Ambiental pela PUC/MG. Membro da União Brasileira da Advocacia Ambiental e da Comissão de ESG do IBRADEMP. Comprometida com inovação e sustentabilidade no agronegócio, tem por missão impulsionar práticas sustentáveis a fim de contribuir para construção de um setor agrícola mais responsável e inovador.

Como advogada especializada no agronegócio, minha trajetória profissional tem sido marcada por um profundo envolvimento com as questões ambientais, sociais e de governança (ESG), especialmente no que tange ao "E" de ambiental. Meu contato inicial com as temáticas ESG surgiu da necessidade de estruturar negócios sustentáveis no agronegócio, um setor vital para a economia, mas frequentemente criticado por suas práticas ambientais. Este envolvimento evoluiu rapidamente para abraçar todos os aspectos de ESG, refletindo um compromisso profundo com a promoção de uma agricultura responsável e sustentável. Ao longo deste percurso, testemunhei os desafios enfrentados pelo setor, mas também identifiquei oportunidades únicas para promover mudanças positivas.

Este capítulo é um convite para explorar a importância de uma abordagem ESG no agronegócio, ressaltando o efeito positivo que essa estratégia pode promover. O relato apresentado narra a trajetória de empresas do setor agrícola que assumiram o papel de financiadoras de produtores rurais, demonstrando um compromisso significativo com a responsabilidade ambiental e social incorporado à cadeia produtiva do agronegócio. Ilustrarei como é possível gerar benefícios tangíveis para as empresas, para a sociedade e para o meio ambiente, demonstrando que a sustentabilidade e o sucesso econômico podem, e devem, evoluir de forma conjunta.

Neste capítulo, será apresentada uma explanação detalhada, além de *insights* e aprendizados que acumulei ao longo de minha trajetória. Meu objetivo é que, ao final desta leitura, você esteja não apenas mais informado, mas também inspirado a contribuir para a evolução do agronegócio em direção a práticas mais sustentáveis e responsáveis.

Impulsionando o Agronegócio: a Revolução através dos Critérios ESG

A importância da experiência abordada reside na sua capacidade de demonstrar como a integração efetiva dos critérios Ambiental, Social e Governança (ESG) pode representar um ponto fundamental para o triunfo ou o insucesso de uma empresa no setor do agronegócio. Em um mundo cada vez mais consciente das questões ambientais e sociais, a reputação de uma empresa e seu desempenho financeiro estão intrinsecamente ligados à sua postura e práticas ESG.

Um exemplo emblemático da importância dos critérios ESG ocorreu em 2016, na "Operação Shoyo", na qual o IBAMA (Instituto Brasileiro do Meio Ambiente e dos Recursos Renováveis) autuou uma instituição financeira, além de algumas empresas, impondo-lhe uma multa significativa de R$ 47.550.000,00.[1] A autuação foi motivada pelo financiamento de 95 mil sacas de milho na safra de 2015, em uma área de 572 hectares em municípios próximos a Sinop/Mato Grosso, um dos principais polos de produção de grãos do país. A produção, conforme apurado, provinha de áreas embargadas, evidenciando uma falha crítica na avaliação e gestão de riscos ambientais por parte da instituição financeira. Recentemente, a Justiça Federal ratificou a multa por entender que a instituição financeira foi negligente no momento da concessão do crédito.[2]

---

[1] https://www.canalrural.com.br/diversos/ibama-multa-banco-que-financiou-plantio-graos-amazonia-64378/. Acessado em 27.03.2024

[2] https://www.gov.br/ibama/pt-br/assuntos/noticias/2024/justica-federal-confirma-multa-aplicada-pelo-ibama-a-banco. Acesso: 29 mar. 2024

Este caso elucida a relação direta entre a adoção de práticas ESG, os resultados financeiros e a reputação do agente financiador do agronegócio, servindo como um alerta para outras empresas do setor. O exemplo acima ressalta a necessidade de uma avaliação rigorosa e de uma gestão eficaz dos riscos ambientais, sociais e de governança, não apenas para evitar penalidades financeiras, mas também para preservar e potencializar a reputação corporativa.

A adoção proativa de práticas ESG pode resultar em benefícios tangíveis, incluindo economia de custos, melhoria na satisfação do cliente, e aumento do valor de mercado. A experiência da instituição financeira na Operação Shoyo ilustra que a negligência aos critérios ESG pode levar a consequências financeiras e reputacionais severas. Assim, fica evidente que a integração dos critérios ESG não é apenas uma questão de responsabilidade corporativa, mas uma estratégia de negócio inteligente e necessária para o sucesso sustentável no setor do agronegócio.

Implementação e Resultados dos Princípios ESG

O estudo de caso em foco, que se debruça sobre o agronegócio e sua interligação com os princípios ESG (Ambiental, Social e Governança), destaca a importância vital de se abraçar práticas sustentáveis e responsáveis em um setor chave para o avanço econômico.

O *case* apresentado neste capítulo demonstra a transformação positiva de algumas empresas financiadoras do agronegócio por meio da implementação de uma estratégia corporativa focada em aspectos ambientais, particularmente no contexto do financiamento privado para o fomento da lavoura. Esta transformação foi guiada por uma análise SWOT detalhada, que identificou oportunidades significativas de melhorar a sustentabilidade e o desempenho ambiental, ao mesmo tempo que enfrentava ameaças e superava fraquezas internas.

			Análise SWOT
AMBIENTE	**EXTERNO**	**OPORTUNIDADES**	- Reconhecimento internacional e solidez no mercado; - Grande competitividade internacional; - Interesse em se adequar ao padrão exigido pelos investidores; - Possibilidade de fazer *offset* de carbono e auxiliar os produtores rurais na preservação/restauração de floresta nativa; - Posicionamento no mercado como empresa que também se preocupa com o meio ambiente (fortalecimento reputacional).
		AMEAÇAS	- Concorrência com empresas do mesmo segmento e com regras mais flexíveis em relação ao *compliance* ambiental; - Análise de gestão ambiental feita apenas no momento da concessão do crédito pode gerar desgaste reputacional à empresa, caso ocorra algum problema ambiental (embargo na área de lavoura) no momento da produção; - Mercado de carbono voluntário incipiente e sem regras bem definidas.
	INTERNO	**PONTOS FORTES**	- Estabilidade econômico-financeira para projetos no âmbito ambiental; - Carteira sólida de clientes; - Compromisso com redução de carbono e outras medidas sustentáveis nos relatórios de sustentabilidade ambiental.
		PONTOS FRACOS	- Necessidade de investimento para monitoramento e gestão ambiental da carteira de clientes; - Aculturamento na empresa acerca da importância dos aspectos ambientais *vs* o lucro pelo lucro; - Resistência dos clientes para acatamento das regras ambientais mais rígidas e possibilidade de escolha de concorrente com regras ambientais mais flexíveis.

A análise SWOT revelou uma necessidade premente de incorporar considerações ambientais na análise de crédito e na gestão contínua da produção agrícola muitas vezes oferecida em garantia de penhor ou alienação fiduciária pelos produtores rurais.

Desafios Enfrentados

A implementação efetiva de práticas sustentáveis e a aderência aos princípios ESG no setor do agronegócio apresentam desafios significativos, especialmente em contextos regulatórios complexos como o brasileiro.

Para análise da regularidade da produção agrícola pela empresa fornecedora de insumos, é primordial o entendimento sobre o local em que será plantada a *commodity*. Para tanto, fazem-se necessárias documentações/informações mínimas para verificação da conformidade socioambiental dos imóveis rurais.

Um dos primeiros documentos que passou a integrar a análise de conformidade ambiental dos imóveis rurais foi o Cadastro Ambiental Rural (CAR), registro eletrônico obrigatório de todos os imóveis rurais desde 01/01/2019, que possui por finalidade integrar as informações ambientais das propriedades e posses rurais, sendo o primeiro passo para regularização ambiental. Impende destacar que, antes da obrigatoriedade do CAR, o documento exigido como norma de *compliance* ambiental era a certidão de embargos ambientais emitida pelo IBAMA.

Nesse cenário, o CAR é uma ferramenta fundamental, desempenhando um papel crucial na regularização ambiental de propriedades rurais e na gestão de riscos associados ao descumprimento de normas ambientais por meio da identificação de sobreposição de embargos ambientais, terras indígenas, Unidade de Conservação, além de indícios de problemas fundiários pela sobreposição de cadastros no mesmo imóvel.

Ocorre que muitos produtores rurais e empresas enfrentaram dificuldades por desconhecimento sobre as consequências da não inscrição do CAR, o que gerou certa resistência na implementação como documento obrigatório para análise de imóveis rurais.

Soluções Implementadas

Para superar esses desafios, foram adotadas várias estratégias inovadoras e criativas, como:

i) treinamentos voltados para as empresas do agronegócio e produtores rurais, visando esclarecer a importância do CAR e auxiliar no processo de inscrição, não apenas do ponto de vista regulatório, mas também como um elemento central para a sustentabilidade e o sucesso a longo prazo do negócio agrícola;

ii) implementação de sistemas que integram dados do CAR e outras fontes relevantes para monitoramento contínuo das condições ambientais das propriedades rurais, permitindo a identificação precoce de riscos e a tomada de decisões baseada em evidências;

iii) além do estabelecimento de parcerias para promover a recuperação de áreas degradadas e a implementação de práticas agrícolas sustentáveis.

Após a superação dos desafios e estratégias implementadas, criou-se um *check list* recomendável para adoção de boas práticas ambientais pelas empresas financiadoras no momento da concessão do crédito:

a) Recibo do Cadastro Ambiental Rural e consulta do demonstrativo do CAR Federal e Estadual;

b) Autorização ou Licença Ambiental para atividade desenvolvida no imóvel rural;

d) Verificação se a Área de Reserva Legal está em conformidade com os percentuais determinados pelo Código Florestal ou se está enquadrada nas exceções determinadas pelo próprio Código;

e) Embargos (IBAMA/ICMBIO/SEMA MT);

f) Sobreposição em Unidade de Conservação;

g) Sobreposição com Áreas Quilombolas e Áreas Indígenas;

h) Verificação se a situação fundiária do imóvel é regular;

i) Consulta à lista de trabalho escravo do Ministério do Trabalho;

j) Outorga de direito de uso de recursos hídricos (para atividades irrigadas);

k) Adesão ao Programa de Regularização Ambiental (quando cabível);

l) Monitoramento de desmatamento, via PRODES e enquadramento na moratória da soja;

m) Análise de boas práticas e tecnologia na lavoura.

Além da gestão ambiental realizada quando há concessão do crédito, foi proposto um modelo de governança por meio de uma abordagem multifacetada para reformular a estratégia de gestão ambiental das empresas.

Em um contexto global marcado por uma significativa importância socioambiental, a gestão ambiental dos recursos naturais precisa estar em harmonia com práticas de produção sustentável. A análise inicial das condições ambientais, referida anteriormente, é essencial para a aprovação de crédito.

No entanto, é igualmente importante garantir a continuidade dessa conformidade socioambiental, mantendo a vigilância e o rigor no acompanhamento das práticas sustentáveis, por meio de monitoramento constante das áreas de formação da lavoura da safra financiada. Isso permitiu uma gestão proativa dos riscos ambientais e creditícios, assegurando a integridade da produção agrícola ao longo do tempo.

Outra iniciativa que merece destaque é o suporte aos produtores que procuram implementar práticas sustentáveis em seus imóveis, com parcerias para assistência técnica, certificação das propriedades e incentivos financeiros.

A certificação ambiental de propriedades rurais representa uma vantagem significativa, pois simplifica o processo de verificação por parte dos financiadores do agronegócio quanto ao atendimento das complexas e dispersas normas ambientais, minimizando o risco de conceder financiamentos a produtores que não respeitam tais normativas.

O objetivo da certificação é facilitar a implementação de sistemas de gestão ambiental por parte das entidades financiadoras, atuando como um diferencial competitivo. Isso se dá em razão de a performance ambiental ser um elemento chave para a construção da credibilidade das empresas no cenário internacional, enquanto corresponsáveis socioambientalmente.

Neste contexto, o estímulo ou apoio das empresas aos produtores rurais para alcançar a regularização ambiental de suas propriedades e a subsequente certificação, indubitavelmente, melhora o perfil ESG do financiador, repercutindo favoravelmente no aspecto financeiro.

Resultados e Benefícios

A implementação de estratégias ESG trouxe benefícios notáveis: reduziu riscos de crédito e reputacionais, fortalecendo a carteira de crédito da empresa; melhorou sua reputação e competitividade, atraindo clientes preocupados com a sustentabilidade e diferenciando-se de concorrentes; promoveu benefícios ambientais através da adoção de práticas agrícolas sustentáveis, essenciais para a preservação da biodiversidade e mitigação das mudanças climáticas, alinhando-se aos objetivos de desenvolvimento sustentável globais; e aprimorou o relacionamento com clientes, educando-os sobre a importância de práticas sustentáveis, fortalecendo parcerias.

Dessa forma, no contexto atual, torna-se evidente a urgência de uma colaboração entre corporações e indivíduos, visando uma abordagem preventiva em relação aos riscos ambientais. Sob essa ótica, as empresas e instituições financeiras, detentoras de significativa influência econômica, têm a capacidade de incentivar o mercado a adotar medidas proativas para a regularização de suas propriedades e para assegurar a aderência à legislação ambiental.

Por fim, este capítulo destaca a importância de abordar os desafios associados à implementação de práticas ESG através de soluções inovadoras e criativas. A experiência adquirida e as lições aprendidas no processo de superação desses desafios são valiosas para a formação de profissionais competentes e comprometidos com a sustentabilidade no setor do agronegócio. Compartilhar esse conhecimento e promover o diálogo entre diferentes atores são passos essenciais para o avanço das práticas sustentáveis e a promoção de um agronegócio mais responsável e resiliente.

O contexto das mudanças climáticas na atuação profissional e acadêmica

Isis Batista

Gerente de ESG e SSO do Grupo Tauá de Hotéis e Resorts e diretora Social do Instituto Tauá. Foi premiada como a primeira e melhor Gestora de Sustentabilidade da hotelaria brasileira (Prêmio VIHP) em 2024 e é Multiplicadora B. Sua formação inclui Engenharia Ambiental e de Segurança do Trabalho, Pós-Graduação em ESG e Sustentabilidade e mestrado em Sustentabilidade de Processos e Controle Ambiental. Tem oito anos de experiência em Sustentabilidade, Certificação B Corp, indicadores ESG/GRI/ODS, relatório de Sustentabilidade, descarbonização, Programa de Diversidade, Equidade e Inclusão, voluntariado corporativo, regularização ambiental, gestão de projetos sociais, normas regulamentadoras de segurança do trabalho e docência.

O contexto das mudanças climáticas tem sido tema de crescente preocupação, no âmbito acadêmico e no profissional. A história do planeta registra variações climáticas desde tempos antigos, porém, nos últimos anos, a atividade humana intensificou esses efeitos. Tal fenômeno tem sido amplamente debatido em diversas esferas, desde as grandes conferências internacionais, como as Conferências das Partes (COP) da Convenção-Quadro das Nações Unidas sobre Mudança do Clima (UNFCCC), até disposto em recorrentes Relatórios de Riscos Globais do Fórum Econômico Mundial (WEF).

O Painel Intergovernamental sobre Mudanças Climáticas (IPCC) define mudanças climáticas como variações estatisticamente significativas tanto na média quanto na variabilidade do clima ao longo de um período prolongado, podendo ser atribuídas a processos naturais internos, forças externas ou mudanças antropogênicas na composição da atmosfera e em processos industriais.

As recentes inundações no Rio Grande do Sul, que devastaram o estado desde o final de abril deste ano, representaram um evento climático sem precedentes na região. O aumento do volume de chuvas e as consequentes enchentes causaram uma catástrofe socioambiental, levando autoridades e população a enfrentarem uma emergência climática de proporções históricas. O que ressalta a urgência de investimentos em adaptação e resiliência, visando proteger as populações vulneráveis e mitigar os impactos dos eventos climáticos extremos.

Nesse sentido, embora tenha como formação a Engenharia Ambiental, minha exposição prévia à questão das mudanças climáticas estava mais relacionada à poluição atmosférica e à gestão ambiental. No entanto, a urgência transmitida pelas notícias e as discussões acaloradas nas redes sociais despertaram em mim uma nova perspectiva sobre esse desafio global, inspirando-me a buscar um maior aprofundamento acadêmico e a desenvolver projetos voltados para uma economia de baixo carbono dentro da minha atuação técnica.

Da teoria à prática: o início da minha jornada nas mudanças climáticas

O meu contato com essa temática começou, de fato, pela realização de uma disciplina isolada de Gestão de Carbono no Programa de Pós-graduação em Saneamento, Meio Ambiente e Recursos Hídricos (SMARH) da Universidade Federal de Minas Gerais (UFMG) em 2018. Durante esse curso, tive a valiosa oportunidade de me aprofundar nos fundamentos científicos do aquecimento global, na elaboração de inventários de gases de efeito estufa (GEE), nas estratégias de mitigação de emissões de GEEs e no mercado de carbono.

A compreensão da elaboração de inventários de emissões de gases de efeito estufa conforme a metodologia do GHG Protocol marcou um ponto importante em minha trajetória. Com esse conhecimento, aprendi não somente a atender às exigências regulatórias, mas também assumir um papel ativo na gestão ambiental de algumas organizações em que trabalhei. O GHG Protocol, desenvolvido pelo World Resources Institute (WRI) e pelo World Business Council for Sustainable Development (WBCSD), fornece as ferramentas necessárias para medir e gerenciar as emissões de poluentes, e me colocou em sintonia com as tendências do mercado diante da crescente necessidade de mitigação das mudanças climáticas.

Logo, motivada por essa experiência, decidi ingressar no mestrado em Tecnologias de Produtos e Processos no Centro Federal de Educação Tecnológica de Minas Gerais (CEFET-MG), com foco na linha de pesquisa de Sustentabilidade de Processos e Controle Ambiental. A minha intenção era explorar mais a fundo a problemática das emissões no setor de transporte rodoviário, especialmente considerando meu envolvimento como colaboradora na Patrus Transportes.

Repercussões profissionais: o desafio das emissões no setor de transportes

Minha trajetória nessa empresa de transporte de carga fracionada foi, sem dúvida, marcada por desafios interessantes. Enquanto engenheira ambiental com atuação em 85 unidades espalhadas pelo país, concentrei os meus esforços para a gestão estratégica de carbono e a promoção de diversas práticas sustentáveis. A frota de veículos era submetida periodicamente a avaliação de fumaça preta e era incentivado o uso de biocombustíveis, como o álcool e o gás natural veicular (GNV).

Dada a natureza do negócio, é inegável a relevância da atuação de uma transportadora perante as mudanças climáticas. A dependência dos combustíveis fósseis coloca o setor de transportes como um dos principais emissores de gases de efeito estufa, sendo um dos poucos segmentos em que as emissões continuam em ascensão.

Porém, a organização estava empenhada em reduzir seu impacto ambiental e em alcançar a neutralidade de carbono até o ano de 2030, fortalecendo seus projetos de monitoramento e redução de poluentes. Assim, na primeira quinzena de cada mês, dedicava-me à elaboração de relatórios detalhados sobre as emissões de carbono para uma gama de clientes que se preocupavam com a sustentabilidade dos seus parceiros de negócio.

A minha experiência na Patrus me fez perceber de forma mais clara a importância das emissões de dióxido de carbono no contexto do transporte e sua significativa contribuição para as mudanças climáticas. Por isso, surgiu a necessidade de desenvolver um sistema de controle das emissões de carbono por meio de inteligência de negócios (BI), englobando desde a automação dos relatórios de emissões até o monitoramento das avaliações ambientais veiculares da frota dentre o meu escopo de trabalho. A ferramenta serviu para automatizar os cálculos de emissão do inventário anual das emissões de carbono, bem como para padronizar o repositório dos diversos relatórios confeccionados para os consumidores.

No contexto profissional, é possível adotar medidas tangíveis para contribuir com o desenvolvimento sustentável, como a transição para energias renováveis, a promoção da eficiência energética, a implementação de práticas de gestão de resíduos, iniciativas de reflorestamento e conservação de ecossistemas, além de programas de compensação de carbono e outras práticas sustentáveis. Boa parte dessas iniciativas a própria empresa já fazia e ressaltava a ideia de que esforços individuais e coletivos podem impulsionar transformações globais de grande magnitude.

Foi justamente essa perspectiva que me levou, em 2020, a cursar uma disciplina sobre Mudanças Climáticas e suas Interdisciplinaridades na Universidade de São Paulo (USP), onde pude explorar com mais profundidade questões relacionadas à governança ambiental, políticas públicas e economia das mudanças climáticas. Uma das aulas que eu tive foi com o Professor Doutor Paulo Artaxo, um dos maiores pesquisadores climáticos do mundo, inclusive um dos autores das pesquisas do IPCC, que enriqueceu minha compreensão sobre a complexidade do problema e sua interseção com diversas áreas de estudo.

Inovação sustentável: desenvolvendo soluções para medir e controlar emissões

O trabalho na Patrus inspirou a minha dissertação, que abordou o desenvolvimento de um amostrador portátil para medição de emissões veiculares de CO_2 e outros poluentes. Essa tecnologia inovadora tem o potencial de auxiliar na elaboração de inventários de carbono e na implementação de medidas de redução de emissões.

Considerando que as emissões de CO_2 carecem de regulamentação, não havendo padrões de emissão desse poluente relacionados à qualidade do ar e falta um mecanismo versátil para analisar diretamente as emissões provenientes do transporte de cargas, surgiu a ideia de desenvolver um amostrador portátil para capturar emissões de escapamento de veículos movidos a diesel. Esse dispositivo possibilita a captura de componentes do escape e a determinação das emissões veiculares por meio da cromatografia gasosa.

O desenvolvimento desse amostrador veicular portátil, juntamente com seu processo de amostragem *in loco* e análise cromatográfica, representa uma inovação tecnológica sustentável e multidisciplinar. É uma tecnologia alinhada à materialidade dos Objetivos de Desenvolvimento Sustentável (ODS) 9 – Indústria, Inovação e Infraestrutura, e 13 – Ação Contra a Mudança Global do Clima, que envolve a integração de prototipagem e química analítica, incorporando aos mais recentes métodos, como a prototipagem ágil e a cromatografia gasosa, para abordar os desafios das emissões veiculares de forma eficiente e eficaz.

O equipamento pode ser empregado como uma ferramenta de medição do CO_2 equivalente, facilitando a elaboração precisa dos inventários de carbono das empresas, possibilitando a análise da eficácia das medidas de melhoria direcionadas à redução das emissões e contribuindo para uma compensação mais justa desse poluente.

Dada a escassez de literatura sobre o desenvolvimento de um amostrador veicular portátil em conjunto com seu processo de amostragem no local, a minha pesquisa de mestrado foi pioneira nesse âmbito. Ela serviu como referência para outras dissertações no programa, destacando a necessidade de mais estudos científicos para aprimorar essa temática que está em constante evolução.

Ampliando horizontes: a aplicação da descarbonização na hotelaria

Essa experiência profissional na área de sustentabilidade me abriu as portas para o cargo de gerente de ESG (práticas ambientais, sociais e de governança corporativa) do Grupo Tauá de Hotéis e Resorts em 2022. Nesse papel, liderando uma equipe comprometida com a causa ambiental, desenvolvi e implementei um abrangente Programa de Descarbonização, que destacou o Tauá como o primeiro grupo de hotéis e *resorts* carbono neutro do Brasil.

Para orientar minha atuação profissional em uma área ainda pouco explorada, adotamos a Matriz de Materialidade para identificar questões cruciais de ESG sob a perspectiva dos principais interessados na empresa. Dentre os 11 temas relevantes destacados pela ferramenta, as mudanças climáticas e as emissões emergiram como guias para a criação do plano de construção de uma hotelaria de baixo carbono.

Esse programa teve seu início com a realização de inventários abrangentes, mapeando e quantificando as emissões de GEEs em todas as operações do Grupo, sendo três resorts, um hotel econômico, um hotel de alto padrão e dois escritórios corporativos. Esse levantamento foi essencial para compreender a extensão dos impactos ambientais e elaborar estratégias eficazes para sua redução. Assim, o Grupo Tauá elabora mensalmente e anualmente o inventário de emissões de CO_2, seguindo a metodologia do GHG Protocol e compensa todas as suas emissões desde janeiro de 2023.

Existe, ainda, um monitoramento rigoroso das emissões no Grupo Tauá que é conduzido através dos sistemas internos que alimentam os cálculos dos inventários, garantindo uma abordagem precisa na neutralização de carbono. Para validar as compensações, **são adquiridos créditos de carbono** validados pela Organização das Nações Unidas (ONU), tanto para as emissões corporativas quanto para as realizadas pelos hóspedes.

Desenvolvemos também uma calculadora de pegada de carbono, disponibilizada aos hóspedes durante o *checkout*, permitindo-lhes compensar suas emissões durante a estadia no Tauá. As estimativas abrangem todas as áreas e serviços do hotel, independentemente da utilização pelos hóspedes. Um fator de emissão por pessoa é multiplicado pelo número de diárias utilizadas, garantindo a neutralização de quaisquer emissões não compensadas pelos clientes, reforçando a posição da Rede como líder em hospitalidade sustentável, além de incentivar a conscientização e participação ativa dos hóspedes na construção de um futuro mais verde e responsável.

Atualmente, estamos identificando oportunidades de redução e/ou mitigação, considerando variáveis como o impacto ambiental e os investimentos necessários. Planejamos implementar projetos de tecnologia ambiental, como a implantação de biodigestores que contribuem significativamente para a redução das emissões. Esses equipamentos integram alta tecnologia e processos biológicos para acelerar a decomposição dos resíduos, num processo 100% natural e neutro em carbono.

Além das medidas de automação para reduzir as emissões de carbono, também estamos embarcando na elaboração do inventário do Escopo 3, uma tarefa complexa devido à diversidade das operações hoteleiras. Acredito que essa abordagem vai exigir uma análise meticulosa de diversas fontes de dados e a colaboração de uma gama de *stakeholders*, desde fornecedores até clientes, já que vai incluir a pegada de carbono desde o transporte de suprimentos até a gestão dos resíduos gerados pelos hóspedes.

Reconhecimento e impacto: liderança na sustentabilidade empresarial

O sucesso desse programa de descarbonização fez com que a iniciativa fosse uma das vencedoras do 4º Prêmio de Turismo Sustentável WTM Latin América agora em 2024, no nível prata da categoria de melhores iniciativas para a mitigação das mudanças climáticas. Esta premiação destaca empresas e destinos que ativamente buscam descarbonizar suas operações turísticas, exploram métodos inovadores para enfrentar desafios climáticos e promovem a conscientização entre comunidades locais e visitantes.

E também me rendeu o prestigioso reconhecimento como a primeira e a melhor Gestora de Sustentabilidade da hotelaria brasileira pelo IX Prêmio VIHP (Very Important Hotel Professional). Considerado o "Oscar da Hotelaria", o Prêmio VIHP tem como objetivo homenagear os profissionais mais destacados do setor hoteleiro nacional.

Mas eu não paro por aqui, pois explorar o desenvolvimento profissional através do trabalho sobre o Escopo 3 é uma oportunidade muito empolgante para mim. Este desafio crucial na jornada de descarbonização revela as emissões indiretas de gases de efeito estufa, seja na cadeia de valor ou no uso dos produtos, onde reside a maior parte das emissões para a maioria das empresas.

Segundo dados do Carbon Disclosure Project (CDP), essas emissões indiretas representam em média 11,4 vezes mais do que as emissões diretas. A complexidade hoteleira começa na medição, muitas vezes baseada em estimativas. Além disso, surge a questão de como distribuir de maneira eficaz a responsabilidade pela mitigação ao longo das cadeias, compostas por diversos fornecedores interligados. Explorar esses cenários não apenas contribuirá para reduzir as emissões do Grupo Tauá, mas também oferece uma oportunidade valiosa para meu crescimento pessoal e profissional, ao estabelecer fronteiras para a contabilização das emissões que são muito holísticas.

No contexto profissional e acadêmico, a atuação diante das mudanças climáticas demanda uma abordagem interdisciplinar e proativa. Profissionais têm a oportunidade de se envolver em pesquisas inovadoras, desenvolver soluções tecnológicas e implementar práticas sustentáveis em diversos campos, desde a gestão ambiental até a engenharia de energia. Simultaneamente, a academia desempenha um papel fundamental na capacitação de especialistas e na geração de conhecimento científico que embasa políticas públicas e estratégias empresariais direcionadas à mitigação e adaptação às mudanças climáticas.

Diante da crescente relevância das mudanças climáticas nos âmbitos profissional e acadêmico, compartilho meu propósito de vida, reconhecendo a urgência de soluções inovadoras e integradas para enfrentar esse desafio global. Acredito firmemente na sinergia entre conhecimento técnico, paixão pelo que fazemos e uma visão de progresso, que podem construir um mundo onde a resiliência, a equidade e a prosperidade sejam acessíveis a todos.

A lacuna entre o resíduo e a matéria-prima é a logística reversa... Economia Circular

Jamile Balaguer Cruz

Diretora de Economia Circular na Grant Thornton, atua com consultoria há anos nas Big4 e é fundadora da Biocicla. Pioneira no desenvolvimento de soluções de Estratégia ESG e Economia Circular que geram Impactos Positivos aos clientes no 1º, 2º e 3º setores. Há mais de 15 anos no segmento, atua com consultoria, educação e empreendedorismo. Formada em Administração de Empresas pela FGV (Fundação Getulio Vargas), pós-graduada com MBA na HEC-França, ESG na NYU e cursos variados sobre negócios sustentáveis, economia circular e temas relacionados. Participa da ABRAPS (Associação dos Profissionais para o Desenvolvimento Sustentável) desde 2011 atuando como conselheira, coordenadora do GT de Economia Circular e diretora de eventos.

Vou apresentar um Caso de Economia Circular através da reciclagem de resíduos sólidos descartados, no qual desenvolvemos Peças e Obras de Artes Upcycled para a empresa Enel, que é italiana e atua na geração, distribuição e comercialização de energia elétrica.

Este caso envolve o tratamento de alguns dos seus resíduos, como banners, uniformes, cabos elétricos e fibras óticas.

É importante entender a diferença entre lixo, resíduo e rejeito. Lixo é o que é descartado sem receber tratamento. Resíduo é aquilo que recebe tratamento. E rejeito não apresenta condições de receber tratamento.

A Economia Circular é o foco do nosso trabalho na Biocicla, na qual desenvolvemos o Upcycling de resíduos sólidos, produzindo Peças Upcycled e Obras de Arte. Nossa equipe de trabalho é formada por profissionais com perfil social diferenciado, como mulheres de baixa renda, deficientes intelectuais, jovens em vulnerabilidade e outros. Desta forma oferecemos soluções socioambientais, dado que tratamos os resíduos, gerando também resultados sociais positivos.

Mas o que são Economia Circular e Upcycling?

Atualmente vivemos o modelo da Economia Linear com a lógica de "extrair, produzir, consumir" os recursos da natureza descartando os resíduos gerados, sem nos preocuparmos com o presente nem com o futuro, o que já se mostrou claramente insustentável.

É aí que entra uma nova forma de pensar: a Economia Circular.

Ela estimula um novo modelo de desenvolvimento, valorizando nosso patrimônio natural. E incentiva também todos da sociedade a sentirem-se responsáveis pelo presente e futuro do nosso planeta, das pessoas e de todas as formas de vida.

Existem definições variadas de Economia Circular. Este tema está em constante discussão e em melhor nível de maturidade em países da União Europeia, Canadá, Japão e alguns outros.

Conforme a Ellen MacArthur Foundation, a Economia Circular é baseada em três princípios:

- Eliminar resíduos e poluição;
- Circular produtos e materiais (no seu valor mais alto);
- Regenerar a natureza;

E também vários outros aspectos são discutidos, como:

- Estruturar modelos de negócios sistêmicos;
- Aplicar a Biomimética.

Os 3 "Rs" básicos da Economia Circular usualmente são definidos em "Reduzir, Reutilizar e Reciclar".

Vide a seguir 10 percepções de "Rs", que estão em constantes discussões ao redor do mundo:

1. **REDUZIR:** aumento da eficiência na fabricação ou uso do produto consumindo menos recursos naturais e materiais, visando também a redução na geração de resíduos e poluição. Redução do consumo através do aumento da vida útil do produto e de suas peças. (Ciclo de Vida Útil estendido).

2. **REUTILIZAR:** reutilização por outro consumidor do produto descartado que ainda está em bom estado e cumpre sua função original.

3. **RECICLAR:** processamento de materiais descartados, visando a mesma qualidade (alto grau), ou inferior (baixo grau).

4. **REPENSAR:** uso do produto de forma mais intensa, expandindo sua utilidade (exemplo: compartilhamento).

5. **REPARAR:** reparo e manutenção do produto defeituoso para que possa ser usado com a função original.

6. **RECONDICIONAR:** restauração de um produto antigo, proporcionando sua atualização.

7. **REMANUFATURAR:** utilização de partes do produto descartado em um novo produto com a mesma função.

8. **REPROPOR:** utilização do produto descartado ou suas partes em um novo produto com uma função diferente.

9. **RECUSAR:** utilização do produto descartado ou suas partes oferecendo a mesma função em um produto radicalmente diferente.

10. **RECUPERAR:** aproveitamento de outras utilidades do material, como a incineração de material com recuperação de energia interna.

Neste caso com a Enel, desenvolvemos a Reciclagem no formato Upcycling, que é o processamento de materiais descartados, garantindo o maior valor e qualidade dos mesmos.

Atuo com o ESG através das questões ambientais (E) e sociais (S) desde que sou criança, pois meus pais sempre foram membros do Rotary e Lions e me incluíram em suas ações.

Posso dizer que já me envolvo com a Economia Circular desde a minha infância. Meu avô tinha uma empresa de guarda-chuvas chamada Dilúvio, e eu brincava sob as mesas de corte do nylon. Utilizei os retalhos para montar um cenário de teatro da escola, produzir bolsinhas, almofadas e outros itens. Desenvolvi peças *upcycled* sem ter a mínima percepção do assunto. Naqueles anos a consciência sobre este tema ainda não existia por completo.

A Economia Circular faz parte da minha personalidade, da minha história.

Considero-me pioneira no tema do ESG, desenvolvendo soluções como cidadã e profissional. Sempre trabalhei como consultora, atendendo clientes da Administração Pública e Organizações com e sem fins lucrativos em indústrias variadas. Especializei minha expertise em Estratégia ESG e de Economía Circular, com o método do Balanced Scorecard Sustentável (BSCS), que evoluiu para o Positive Impact pelos profissionais Kaplan e Nortan *(em memória)*, professores na Universidade de Harvard.

Apresento este caso que é de altíssima relevância na minha carreira e evolução como ser humano, no qual a partir dos resíduos pudemos desenvolver Peças Upcycled de uso diário e até Obras de Arte expostas na sede da Enel em Milão, envolvendo público em vulnerabilidade nos trabalhos. Atingimos a conscientização e educação de muitos cidadãos e geração de emprego e renda.

Implementamos literalmente aquela conhecida frase "Do lixo ao luxo". Busco que este caso apresente a beleza que podemos alcançar através dos resíduos que geramos.

Tomando como base o Pacto Global da ONU[1] composto de *"17 ODS – Objetivos DE Desenvolvimento Sustentável"*, podemos considerar que esta iniciativa está intrinsicamente relacionada aos seguintes ODS:

- **ODS 12 – *Consumo e Produção Sustentável*,** que busca

---

[1] O Pacto Global da ONU é baseado em princípios dos Direitos Civil, do Trabalho, Ambiental e a Anticorrupção. E a definição de Desenvolvimento Sustentável é que "as gerações de vidas atuais consigam viver sem comprometer as condições de vida das gerações futuras".

"Assegurar padrões de produção e de consumo sustentáveis". Este ODS aborda questões referentes ao nosso relacionamento com os recursos ambientais, abrangendo alguns pontos como a extração, transformação e consumo dos resíduos gerados. O nosso caso aborda o tratamento de resíduos sólidos, conforme dito anteriormente.

- **ODS 04 – Educação de qualidade**, que busca *"Assegurar a educação inclusiva e equitativa de qualidade, e promover oportunidades de aprendizagem ao longo da vida para todos"*. Abordamos no nosso caso a educação e conscientização do cidadão, a capacitação técnica do profissional para o mercado de trabalho, e a mobilização e engajamento do cidadão.

- **ODS 03 – Saúde e bem estar**, que busca *"Assegurar uma vida saudável e promover o bem-estar para todos, em toda as idades"*. Nosso trabalho também é desenvolvido por deficientes intelectuais como atividade terapêutica.

- **ODS 8 – Trabalho decente e crescimento econômico**, que busca *"Promover o crescimento econômico sustentado, inclusivo e sustentável, emprego pleno e produtivo, e trabalho decente para todos"*. Como sabem, oferecemos a oportunidade de trabalho e geração de renda ao cidadão no desenvolvimento da reciclagem.

Inicialmente fomos contratados pela Enel em 2017 para o tratamento de banners e uniformes descartados. Produzimos peças *upcycled* de uso diário, com estes resíduos envolvendo uma oficina de mulheres localizada em região de baixa renda na Vila Suíça, cidade de Santo André. Esta oficina é composta por uma chefe costureira-designer e sua equipe de cinco profissionais. As peças que produzimos são de alto padrão, com *design* diferenciado. O nosso preço de mercado é muito interessante e somos bastante procuradas diante desta vantagem competitiva.

Nossas principais peças com *design* diferenciado são as mochilas e *ecobags*. O *design* é um fator crítico de sucesso, promovendo a diferenciação do produto. É fundamental que a peça não seja entendida como "lixo" e sua boa aparência faz a diferença. É natural encontrarmos costuras ao longo dos materiais têxteis, o que demonstra que já fizeram parte de outro produto com outra utilidade. Este aspecto é importante para conscientização do usuário na medida em que demostra a reciclagem do material sem que este seja descartado como lixo, e mantenha sua boa aparência. Estamos estendendo o Ciclo de Vida Útil para este material. Os *banners* e tecidos poderiam ser retalhados, triturados ou receber outro tratamento no qual o seu valor seria extremamente diminuído. Na prática do Upcycled, este valor é significativamente aumentado. Imagine que uma mochila feita de *banner* ou uniforme pode custar entre R$ 120,00 e R$ 450,00 no mercado, dependendo do seu *design* e perfil do cliente.

Todas estas peças utilizadas no dia a dia mostram o engajamento do consumidor com a Economia Circular e proporcionam a oportunidade de conscientização da sua comunidade de relacionamento com outros cidadãos.

Trabalhamos também com *ecobags* extremamente simples que necessitam apenas das duas costuras das bordas laterais, duas costuras das barras superiores e quatro costuras que prendem as suas alças. Estas *ecobags* são produzidas por um grupo de deficientes intelectuais do Nupe - Núcleo de Projetos Especiais da Rede de Atenção Psicossocial de Santo André. A atividade da costura é usualmente uma forma de terapia desenvolvida pelos deficientes com vários materiais têxteis. Fornecemos *banners* e as bolsas produzidas são aproveitadas pelo próprio Núcleo.

Em 2019 recebi a seguinte demanda: *"Jamile, estamos desmontando uma área desativada da Eletropaulo e teremos 40 toneladas de cabos elétricos e fibras óticas disponíveis por mês durante quatro anos. Você tem alguma ideia do que poderíamos fazer com este material a ser descartado?"*

Realmente foi uma pergunta interessante. E como Deus é extremamente incrível, uma imagem imediatamente surgiu na minha mente. Lembrei-me de uma obra majestosa suspensa no teto de um espaço *coworking* na cidade de São Paulo, toda tramada com cabos de alumínio, harmonicamente entrelaçados de forma manual, formando esferas que se conectavam umas às outras. Achei o trabalho maravilhoso.

Refleti se poderíamos utilizar os cabos e fibras de alguma maneira inspirada por esta obra.

Busquei saber sobre o autor da obra e então conheci o ilustríssimo artista de renome Paulo Bordhin, inigualável em suas obras de arte e grande companheiro de trabalho desde então.

Paulo é um multiartista com mais de 30 anos de carreira e nas artes visuais optou por fazer esculturas, joias e objetos com fios, cabos, mais especificamente de alumínio.

Apresentei a questão e ele mostrou-se muito interessado no desafio de tentar transpor sua expertise para os cabos de fibra ótica e de cobre. Iniciamos então essa experiência *Upcycling*.

A primeira grande demanda que recebemos foi a produção de 200 luminárias, batizadas de Global Lux, que foram distribuídas aos profissionais da Enel de nível executivo no Brasil. A luminária é feita manualmente com cabos de cobre decapados, entrelaçados com fios de LED no seu interior, no formato de um globo terrestre, do tamanho de uma bola de vôlei. O globo, que já é muito lindo por sua trama orgânica e cor do cobre, fica ainda mais impactante quando as lâmpadas internas são acessas e se multiplicam ao refletir na superfície interna brilhante dos fios, trazendo então o conceito da luz surgindo dos resíduos da empresa de energia, um perfeito *insight* integrado ao tema "Do Lixo ao Luxo".

E, para nossa alegria, a sincronicidade sagrada da arte persistiu atuando. Na cerimônia de entrega dos *gifts*, o CEO global da Enel, residente na Itália, estava presente e ficou impactado com o trabalho. Naquele momento recebemos a nossa segunda demanda de alto padrão, que foi a produção de uma obra gigante dessa peça, com 1,2 metro de diâmetro, hoje exposta na sede da empresa em Milão. E outra em São Paulo, junto a outras esculturas também encomendadas para acervo da sede local.

Esta etapa do Caso Enel é realmente marcante, ao conscientizar e ensinar os cidadãos por meio da arte, alcançando o indivíduo pelo canal da emoção. É transformador.

Ao longo deste trabalho, o artista Paulo criou várias outras obras de arte e peças de decoração expostas em seu ateliê, espaços públicos e eventos especiais como os realizados sobre Economia Circular, na Unibes.

A Unibes e a Abraps (Associação Brasileira de Profissionais de Desenvolvimento Sustentável) são parceiras no desenvolvimento de diversas ações de ESG, sendo o tema da Economia Circular bastante explorado. Sou uma das fundadoras da Abraps, da qual atualmente sou membro do Conselho Deliberativo e responsável pelo GT de Economia Circular.

Em julho de 2019 fomos convidados a participar do Programa Luz Solidária, que nos solicitou um projeto de impacto social com os cabos e fibras descartados. Formatamos o projeto "A outra ótica do fio", no qual o artista desenvolveu a luminária "Revolux", feita com cabos de fibras ópticas descartadas.

Esta luminária foi pensada com didática especial para que possa ser ensinada a pessoas leigas a partir de um treinamento e então ser multiplicada em grande escala. O tempo para a produção da luminária é em média de três horas, desde a preparação do material até o acabamento e embalagem.

Propomos o aproveitamento deste material na produção em larga escala da luminária. Para tanto, estamos capacitando 125 pessoas da cidade de Santo André que estarão aptas para desenvolverem esta montagem. O treinamento se dá através de oficinas com o artista e videoaulas online.

A Prefeitura de Santo André é nossa parceira nesse projeto com contribuições significativas e somos muito bem assessorados pelo Robinson Henriques Alves e por sua equipe da Escola de Ouro Andreense, uma iniciativa do Fundo Social de Solidariedade, que visa qualificar alunos para o mercado de trabalho. Recebemos madeira das podas das árvores das vias públicas da cidade com a qual fazemos a base da luminária. E a Rede da Escola de Ouro Andreense nos oferece sua infraestrutura para os treinamentos dos cidadãos. As luminárias produzidas serão vendidas nos Bazares do Fundo Social da Cidade, em shopping centers, marketplaces especializados em produtos ecológicos e outros canais.

Ultimamente, enfrentamos um desafio de acesso aos cabos da Enel, pois as 40 toneladas mensais disponíveis por quatro anos estão acabando. Temos então que calçar a botina e fazer a garimpagem dos cabos nos *containers* e grama da área de descarte do material.

No entanto, este trabalho não é novidade, pois quem trabalha com resíduos sempre desenvolve estes tipos de ações. Visitamos pontos de descartes dos materiais, que usualmente não são muito agradáveis.

A mensagem que deixo é para cada cidadão se esforçar nesta mudança do seu *mindset* linear para o circular. Valorize os produtos e serviços no modelo da Economia Circular.

Muito obrigada.

Construindo um futuro brilhante para empresas familiares com práticas ESG

Larissa Mocelin Vaz

Sócia-fundadora da B.right Consultoria em ESG e diretora-executiva da Mocelin Advogadas, possui pós-graduações em Direito Tributário pela Fundação Getulio Vargas de São Paulo - FGV/SP e em Ciências Criminais pela Faculdade de Direito de Vitória - FDV. Além disso, é certificada em Liderança 360 graus Abílio Diniz pela Escola de Administração de Empresas de São Paulo – FGV/EAESP. Com mais de dez anos de atuação em Direito Empresarial e Governança Corporativa, está atualmente à frente da B.right, onde concentra seus esforços na estruturação e comunicação dos indicadores ESG para *stakeholders*, com enfoque em empresas familiares.

A arquitetura do caminho

Não me interprete mal, mas é inegável que as empresas foram concebidas com o propósito de obter lucro. Nesse aspecto, nada de novo. O que talvez ainda não tenha sido totalmente explorado, pelo menos não da maneira como os entusiastas do ESG gostariam, é a mentalidade de uma empresa ser rentável, manter um balanço positivo e, ao mesmo tempo, contribuir efetiva e tangivelmente para a construção de uma sociedade mais consciente, transparente e sustentável.

Infelizmente, a depender das empresas e do setor, ainda há muita resistência e barreiras relativas ao tema ESG. Os motivos são os mais diversos e a mentalidade, com certeza, é o principal entrave. Muitas vezes, não há uma compreensão clara sobre os benefícios, além de uma crença de que o ESG só trará custos.

Tudo isso não deixa de ser compreensível. Apesar de o tema ESG ter suas origens em meados dos anos 60 e 70, apenas nos anos 2010 e seguintes houve um aumento significativo na integração do ESG nas estratégias de investimento e nas práticas corporativas. A partir daí, as empresas começaram a reconhecer não apenas a importância ética, mas também a relevância financeira de abordar questões ambientais, sociais e de governança.

Hoje, o ESG é uma parte integral das estratégias de investimento, governança corporativa e práticas empresariais responsáveis. Seu rápido crescimento e aceitação refletem a crescente conscientização global sobre a necessidade de considerar impactos sociais e ambientais nas decisões de investimento e negócios, mas seu caminho ainda é extenso, principalmente quando tratamos de empresas menores e/ou de origens familiares.

Como empresária, após colaborar com inúmeras empresas de variados tamanhos e características, posso afirmar com convicção que existe uma notável boa vontade, mas frequentemente há uma falta de clareza prática e dificuldades de execução quando se trata de temas relacionados ao universo ESG.

É possível que nem todos os empresários, especialmente aqueles que não estão imersos no mercado de capitais, bolsa de valores e fundos de investimento, estejam familiarizados com o tema. No entanto, com raras exceções, percebe-se uma disposição evidente e uma vontade latente nas empresas de ultrapassar seus próprios interesses e realizar algo significativo além das suas operações cotidianas.

Essa percepção decorre do entendimento de que toda pessoa jurídica, independentemente do seu atual tamanho, teve um início baseado em um sonho. A qualidade distintiva de quem sonha reside justamente na habilidade de enxergar no presente as sementes do que se visualiza para o futuro. Dessa perspectiva, posso afirmar que todo empresário e organização carregam consigo o DNA ESG, que, em essência, consiste em realizar no presente o que se vislumbra como um futuro próspero.

Seria ingênuo pensar que, neste século avançado, poderíamos analisar as organizações sem considerá-las como organismos vivos com propósitos que transcendem meramente o lucro financeiro. Obviamente, a busca por ganhos é importante e esperada, no entanto, igualmente, todos desejam fazer parte de algo que vá além dos meros interesses individuais dos fundadores e acionistas.

É por isso que, independentemente do projeto relacionado ao ESG que se pretenda realizar, é essencial olhar inicialmente para o propósito intrínseco da organização, para aquilo que a impulsiona. Desta maneira, temos um ponto de partida sólido, e conseguimos visualizar qual é a "fruta mais baixa no pé", isto é, qual é o aspecto mais acessível que pode orientar a empresa em direção a esse propósito. O ESG, neste contexto, fornece a arquitetura do caminho, no sentido de prover a estrutura, os princípios e as diretrizes que orientaram a jornada das empresas em direção à sustentabilidade e responsabilidade corporativa, mas o caminho já está lá. Pode não ser tão evidente, mas ele existe na mente e no coração daqueles que deram origem àquela empresa ou que são responsáveis por seu legado atual.

A grande e velha conhecida

Quando lançamos um olhar atento às organizações empresariais, mergulhamos no cerne de microssociedades que se desenvolvem sob o guarda-chuva de um (ou vários) CNPJs. Nesta perspectiva, é inevitável abordar a questão da cultura organizacional, pois ela serve como a essência que permeia todas as práticas e interações dentro da empresa. Da mesma forma, ao explorarmos o ESG, é imperativo analisar e compreender a cultura específica daquela organização. Ignorar este aspecto essencial pode resultar em esforços voltados apenas para a criação de documentos bem redigidos, mas sem uma efetiva implementação no cotidiano da empresa.

A cultura organizacional é o conjunto de valores, crenças, normas e comportamentos que moldam a identidade e a maneira como as coisas são feitas dentro de uma organização. Ela é o tecido conectivo que influencia as decisões, orienta as interações e define a forma como os colaboradores se relacionam entre si e com a empresa. Dentro deste contexto, o ESG não é apenas um conjunto de diretrizes a serem seguidas, mas uma filosofia que deve ser integrada à cultura organizacional para produzir mudanças reais e sustentáveis.

Por isso, acredito que começar a análise pelo "G" (Governança) tem o potencial de gerar efeitos práticos mais salutares. Muitos problemas culturais nas empresas derivam da ausência de clareza, especialmente quando sócios e fundadores não chegam a consensos sobre temas comuns. Isso resulta em confusão e dicotomia que se espalham por toda a organização.

Ao trabalharmos primariamente nos valores e princípios fundamentais da empresa, asseguramos que práticas ambientais e de governança já se tornem enraizadas na ética corporativa. Logo, para tanto, é necessário "o" engajamento dos colaboradores e a transparência, para que as pessoas abracem e contribuam de forma ativa para as iniciativas ESG.

É fundamental evitar a armadilha da desculpa comum, a falta de tempo, o que acarreta iniciativas abandonadas. Quanto mais existirem projetos deixados para trás, maior será a resistência dos colaboradores na adesão de novas propostas. Assim, faz-se mister uma mudança de mentalidade para que o ESG seja enxergado como um destino contínuo, e não apenas como um projeto isolado. Este desafio vivenciado no Brasil é agravado pela mentalidade de curto prazo e ganhos rápidos, tornando ainda mais relevante a educação e conscientização na abordagem do tema e da sociedade em que estamos inseridos.

Tudo em família

Ao explorar a implementação de práticas ESG no contexto de empresas familiares, é crucial destacar que o maior desafio frequentemente reside nos próprios sócios e fundadores. Empresas familiares desempenham um papel preponderante não apenas no cenário empresarial brasileiro, representando 73%, mas também globalmente, com uma participação de 79%[1]. No Brasil, correspondem a 65% do PIB, por isso não vejo

---

[1] https://sejarelevante.fdc.org.br/empresas-familiares-sao-protagonistas-na-economia/

como possibilidade falar de mudanças substanciais e estruturais na sociedade que não as envolvam.

Empresas familiares, mesmo quando alcançam grandeza e lucratividade, deparam-se com desafios substanciais em sua gestão, resultantes da intrincada interseção entre relações familiares e interesses empresariais. Conflitos familiares relacionados a decisões estratégicas, sucessão e distribuição de lucros tornam-se frequentes, enquanto a seleção e transição de sucessores podem evoluir para processos delicados. A falta de profissionalismo em situações em que decisões são influenciadas por laços familiares em detrimento de critérios objetivos de negócios emerge como uma ameaça à eficiência operacional.

A atração e retenção de talentos externos revelam-se desafios adicionais, impondo limitações à diversidade na liderança. A ausência de um plano sucessório claro e a resistência à profissionalização da gestão tornam-se obstáculos significativos. Embora tais desafios não sejam uniformemente aplicáveis a todas as empresas familiares, aquelas que alcançam sucesso muitas vezes adotam boas práticas de governança corporativa, promovem a comunicação aberta e abraçam a profissionalização para superar essas dificuldades, assegurando uma gestão eficaz e sustentável a longo prazo.

Além disso, a ausência de setores especializados muitas vezes limita a capacidade das empresas familiares de implementar práticas ESG específicas para seus setores de atuação. Contudo, ao fortalecer a Governança Corporativa, essas empresas podem estruturar estratégias eficientes e personalizadas, adaptadas às suas necessidades e contexto, visando superar esses desafios.

A escassez de força de trabalho especializada pode ser um entrave significativo, especialmente ao lidar com questões ESG complexas. No entanto, a implementação de políticas de treinamento, desenvolvimento e atração de talentos pode ajudar a superar esta dificuldade, capacitando a empresa familiar para lidar com desafios específicos do ESG.

Por isso, em meus projetos, busco sempre a incorporação inicial do "G" (Governança) como uma solução central para abordar os desafios enfrentados por empresas familiares no cenário atual. Ao direcionar esforços para fortalecer as práticas de governança corporativa, é possível atenuar os conflitos familiares, promover uma gestão mais profissional e sustentável, e enfrentar os entraves relacionados à sucessão, profissionalismo e diversidade na liderança.

A implementação de conselhos consultivos ou conselhos de administração independentes pode proporcionar uma plataforma imparcial para discussões estratégicas, reduzindo a influência de laços familiares nas decisões empresariais. Isso não apenas fortalece a confiança e a cooperação entre os membros da família, mas também contribui para uma gestão mais eficiente e focada em resultados.

Ademais, a governança corporativa efetiva facilita o desenvolvimento de planos sucessórios claros, abordando questões sensíveis com relação à sucessão e proporcionando uma transição mais suave entre as gerações. A ênfase na transparência, responsabilidade e equidade nas práticas de governança também ajuda a profissionalizar a gestão, superando a resistência à introdução de práticas mais objetivas e orientadas para resultados, além de contribuir na superação de obstáculos na atração e retenção de talentos externos, e aumentar o engajamento interno.

À medida que consolidamos a Governança (G), percebemos que ela não é apenas uma resposta aos desafios atuais, mas também uma fundação sólida que facilita a jornada em direção aos pilares ambientais (E) e sociais (S).

Com a Governança estruturada, ganhamos a clareza necessária para direcionar nossos esforços em prol de práticas ambientais responsáveis (E) e iniciativas sociais significativas (S). Ao estabelecer estruturas transparentes de tomada de decisões, fortalecemos a base para iniciativas que visam à preservação do meio ambiente e ao impacto positivo na comunidade.

A harmonização do "G" não apenas resolve as complexidades inerentes às empresas familiares, mas também simplifica a abordagem dos aspectos ambientais e sociais. Ao construir uma cultura corporativa sólida, enraizada nos valores do ESG, asseguramos a viabilidade a longo prazo e também catalisamos uma mudança positiva em direção a um futuro mais sustentável e inclusivo.

Em suma, ao priorizar e fortalecer a governança corporativa, as empresas familiares podem efetivamente alinhar suas práticas ao propósito e aos princípios do ESG, proporcionando um alicerce sólido para enfrentar os desafios inerentes à interseção entre as dinâmicas familiares e empresariais. Essa abordagem, portanto, viabiliza a sustentabilidade a longo prazo e contribui para o sucesso contínuo e a prosperidade das empresas familiares.

Um futuro brilhante

Do ponto de vista prático, como empresária na área, vislumbro o ESG como a chave-mestra para desbloquear um futuro brilhante e sustentável para as empresas familiares.

A integração do ESG nas empresas familiares não é apenas uma tendência emergente, mas uma necessidade imperativa para garantir a relevância contínua e o sucesso a longo prazo. Hoje, apenas 30% das empresas familiares chegam à terceira geração, e apenas 15% ultrapassam a quarta[2].

Essa ausência de longevidade decorre prioritariamente de problemas de gestão. Na prática, tenho testemunhado a transformação positiva que ocorre quando as empresas familiares abraçam o ESG, na medida em que a Governança Corporativa efetiva abre caminho para uma gestão profissionalizada, superando a resistência à introdução de práticas mais objetivas e orientadas para resultados. Este profissionalismo não apenas atrai talentos

---

2

externos, enriquecendo a diversidade na liderança, mas também prepara a empresa familiar para enfrentar desafios específicos do ESG, como a escassez de setores especializados e a visão de curto prazo.

Ao olhar para o futuro das empresas familiares, vejo o ESG como uma bússola confiável, guiando-as na direção de uma sustentabilidade duradoura. A jornada pode ser desafiadora, mas os benefícios transcendem os obstáculos. O ESG não é apenas uma responsabilidade ética; é uma oportunidade estratégica para garantir a continuidade, a relevância e a prosperidade das empresas familiares em um mundo que está em constante transformação. Ao abraçar essa jornada, essas empresas estarão iluminando seu próprio caminho e contribuindo para a construção de um futuro empresarial mais ético, responsável e sustentável.

Dedico este livro a Jesus, como fundamento de todas as coisas, ao meu marido, Vaz, por estar sempre ao meu lado, e à minha filha, Lis, que agora cresce em meu ventre e em breve estará presente no lançamento deste livro.

Agradeço aos meus pais, sogros, enteados, familiares, clientes, amigos e irmãos em Cristo pelo apoio, carinho e força constantes. Sinto-me verdadeiramente abençoada e enriquecida por aquilo que o dinheiro não pode comprar.

Da prática à estratégia

Lucilene Carvalho

Gerente de Sustentabilidade. Mestre em Inovação Tecnológica pela Unifesp (Universidade Federal de São Paulo) com projeto em inovação socioambiental. Engenheira bioquímica com especialização em gerenciamento ambiental pela USP e MBA em Gestão Industrial pela FGV e formação executiva em Business Sustainability Management e Climate Change pela University of Cambridge. Já trabalhou em empresas de celulose e papel, alimentos e agroindústria com desenvolvimento e melhoria de processos, liderança de projetos relacionados a riscos ambientais, economia circular, mudanças climáticas, *compliance* ambiental, gestão de meio ambiente, saúde, segurança e sustentabilidade. Atualmente está à frente da Gerência de Sustentabilidade da Iveco Group para a América Latina. Já realizou e participou de estudos e publicações sobre inovação e empreendedorismo social em negócios de impacto. É também multiplicadora do Sistema B Brasil.

Da prática à estratégia

As pequenas e médias empresas no Brasil representam em torno de 80% dos empregos gerados no país, conforme dados da ONU (Organização das Nações Unidas), de julho de 2023. Acredito que nessas organizações os tópicos de ESG (Environmental, Social and Governance – Meio ambiente, Social e Governança) serão conduzidos e fomentados pelos profissionais da área de EHS, Environment, Health and Safety (Meio ambiente, Saúde e Segurança), ou HSEQ, Health, Safety, Environment and Quality (Saúde, Segurança, Ambiente e Qualidade). Sabemos que esse tipo de estrutura não é o ideal, uma vez que ESG envolve um olhar para a estratégia do negócio, exige um planejamento de médio e longo prazos, considerando os tópicos materiais, e a busca por criar valor compartilhado, mas principalmente impacto positivo para todos os *stakeholders*, o que pode sucumbir na rotina de EHS ou HSEQ.

Trabalhei em uma multinacional francesa da agroindústria de grande porte com plantas no Brasil, respondia diretamente para a diretoria de responsabilidade social corporativa, gerenciando a área de HSEQ, e liderei também a agenda relacionada a Sustentabilidade/ESG.

Neste capítulo, trago não somente um *case* específico, mas a trajetória e projetos que tiveram o objetivo de apoiar a implementação de estratégia e de práticas de ESG. Por isso, escrevo este capítulo principalmente para os profissionais de EHS/HSEQ. Apresento, de forma resumida, como trazer um olhar estratégico de Sustentabilidade/ESG para nossos programas e rotinas.

ESG por convicção

Os profissionais de EHS são responsáveis por desdobrar as legislações, processos, metas de meio ambiente e saúde e segurança (que são tópicos que fazem parte do ESG) em programas e rotinas operacionais. Sendo assim, esses profissionais são um elo essencial para implementar os objetivos e estratégias de ESG nas organizações.

Para muitas organizações esses colaboradores terão, entre vários chapéus, o de Sustentabilidade/ESG, e é para tais profissionais que dedico este capítulo. Estes que fazem toda a operação e deverão desenvolver um olhar mais estratégico, sistêmico e de longo prazo para implementar práticas e programas que atendam aos objetivos de ESG da empresa.

As ações sustentáveis fora dos muros da organização só se perenizam quando existe uma cultura interna de saúde e segurança de todos os colaboradores, redução de impacto ambiental e valorização de resíduos, segurança e qualidade de produto, serviços para o cliente final e desenvolvimento da cadeia de fornecimento.

Os profissionais desta área têm um papel significativo de implementar cultura e ações práticas para alinhamento das organizações e um direcionamento a um desenvolvimento sustentável. Saem de um papel de atendimento a legislações e normas certificadoras para um protagonismo na implementação de práticas de ESG, e provavelmente serão eles que impulsionarão este olhar mais estratégico em pequenas e médias empresas.

Cultura organizacional

Antes de falar sobre metodologias, é importante reforçar que sem uma cultura com lentes ESG não se sustentam as ações e estratégias para um desenvolvimento sustentável. Trazendo o modelo de cultura de Hofstede et al. (1990), que classificam cultura organizacional em quatro componentes, como símbolos, heróis, rituais e valores, vamos explorar como foi a implementação de uma cultura de Sustentabilidade/ESG através desses direcionadores.

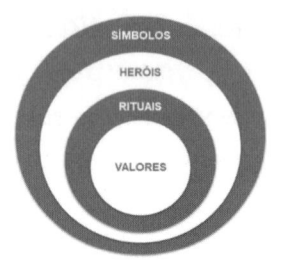

Através das áreas e ferramentas de saúde, segurança, qualidade e meio ambiente, utilizei as ferramentas para implementar uma cultura de People, Planet e Process, reforçando que as rotinas diárias são a base para planejamentos de longo prazo.

Valores: através de alinhamento de valores e de discurso entre todos os níveis de liderança, trouxemos para a consciência valores organizacionais e pessoais, e com isso foi possível engajar os colaboradores. Destaco aqui um excelente trabalho da área de Recursos Humanos: Ana Carla Salvalaggio implementou uma Trilha de Autoconhecimento na empresa, de modo a trazer reflexão sobre valores internos e, mais ainda, de que somos responsáveis pelas nossas ações e de como respondemos às situações diárias através de decisões, conectando com o que desejamos construir como pessoas e profissionais. O autoconhecimento foi essencial para uma cultura que realmente tem os valores como direcionadores.

Em rituais, implementamos a cocriação e a cossolução em todos os níveis da organização, mas principalmente buscamos dar voz aos colaboradores de níveis operacionais, a fim de criarem soluções para condições de risco, programas de ergonomia e saúde, eficiência energética, inovações, solução e melhoria de performance da planta industrial. Essa cocriação com os colaboradores, através de metodologia de "design centrado no ser humano", significa desenvolver soluções priorizando o atendimento das necessidades reais, a partir da compreensão de uso e contextos específicos.

Em heróis, temos a pessoa do diretor: ele reforçava essa cultura diariamente nas reuniões, metas e projetos. Acredito que essas ações são comuns em diversas empresas; o diferencial neste caso não é o que fazer, mas como fazer. Fazer com uma intenção genuína e escuta ativa para promover que os colaboradores sejam o centro de todas as nossas ações.

Governança

Vamos começar pela governança, e ela é o que sustenta todas as ações com controle, monitoramento, *compliance* e transparência.

Dupla materialidade

A dupla materialidade visa demonstrar como os riscos e as oportunidades podem ser materiais tanto do ponto de vista financeiro, como do impacto; ou seja, questões ou informações relevantes do ponto de vista ambiental e social podem ter consequências financeiras no presente ou no futuro das organizações (PWC, 2023).

A empresa possui matriz na Europa e, com a nova diretriz do CSRD, Corporate Sustainability Reporting Directive (Diretiva de Relatórios Sustentáveis Corporativos), estava construindo a dupla materialidade para o contexto europeu. Alinhados com a matriz, decidimos construir a primeira dupla materialidade para a planta brasileira; o importante aqui é validar a metodologia com a planta matriz. O objetivo era atestar se os tópicos materiais se desdobravam também para o contexto brasileiro.

Decidimos que o processo de escuta das partes interessadas seria executado nos anos posteriores, após um letramento da liderança sobre gestão de *stakeholders* e tópicos de ESG.

A construção do primeiro ano se sucedeu pelas seguintes fases:

1) Levantamento de tópicos materiais através do GRI, SASB e principais clientes;

2) Utilizaram-se o mapeamento de *stakeholders* e o levantamento de interesses/necessidades através da planilha de gestão de *stakeholders* já construída para atendimento à ISO 9001, 14001 e 45001, para capturar as demandas;

3) Com o mapeamento, levantaram-se as demandas/necessidades da organização com relação aos *stakeholders*, e se avaliou o impacto em financeiro, operacional e reputação;

4) Realizou-se uma consulta com perguntas abertas com os "donos destes processos" para validar e identificar outros interesses/necessidades;

5) Através da metodologia proposta pela ISO 26000, construiu-se a matriz de *stakeholders*: impacto/influência sobre o *stakeholder* e sobre a organização e avaliação do relacionamento

Tem-se a matriz de *stakeholders* (Importância x Relacionamento);

6) As necessidades/demandas desses *stakeholders* foram agrupadas em diferentes tópicos de E, S e G alinhados com o levantamento no item 1, e avaliadas: performance (insuficiente, *compliance*, integrado e excelente), relevância

para a organização e para os *stakeholders* (irrelevante, limitado, importante e essencial). Tem-se a matriz de dupla materialidade.

Existem vários materiais que apoiam a construção de matriz de dupla materialidade; compartilho aqui o material *Dupla Materialidade* da PWC, como referência.

Valorizar a história

Para engajar o time e não assustá-lo como se ESG fosse mais uma demanda, foi importante apresentar e ressaltar as práticas e iniciativas em sustentabilidade que a empresa já havia implementado, por exemplo, aterro zero, controle e programas para redução de taxa de frequência, controle ambiental de fornecedores. Mapeei as iniciativas já existentes apresentando-as dentro dos tópicos materiais e das ODS relacionadas ao negócio, a fim de reforçar para a diretoria que a empresa já desenvolve ações, não estamos começando do zero; mas, sim, é preciso dar foco nos tópicos que trazem risco para a organização e a geração de valor para os *stakeholders*, conforme a matriz de materialidade.

Diagnóstico: para empresas que estão iniciando esta trajetória ou para profissionais que estão assumindo uma área de ESG, sugiro começar com um diagnóstico. Para isso há algumas ferramentas como ISE (simulado), Ethos (simulado) ou a Avaliação de Impacto BIA – Sistema B.

Ninguém se compromete com o que não conhece

Durante este processo de materialidade, que foi realizado com a diretoria e matriz, busquei engajar o nível de liderança. Entretanto, havia muitos *gaps* de conhecimento e era necessário, além disso, sensibilização. Construí com alguns parceiros uma Trilha de ESG para o nível de liderança, visando a: conscientização, sensibilização, engajamento e posicionamento. Nessa trilha, um dos tópicos era o papel da liderança em ESG, justamente para reforçar que os líderes de hoje servem ao mundo atual e às gerações futuras (Paul Polman – Net Positive).

Para acompanhamento, alinhei com a diretoria que utilizaríamos as reuniões gerenciais já existentes para levar os indicadores, ações e temas importantes de ESG para fomentar a discussão no nível gerencial.

Ambiental

Durante uma implementação de inovação, sugere-se iniciar pelos *early adopters*, pois estes estão abertos a experimentar as novidades e depois são replicadores da inovação.

Por isso, dentro dos tópicos materiais, escolhemos começar com o que já estava em andamento.

Emissões de GHG

A empresa já possuía a ISO 50001 – Eficiência Energética. Essa ISO apoia na governança sobre energia: exige um mapeamento das fontes energéticas, detalhamento dos equipamentos que mais consomem energia, metas de redução, plano de gerenciamento dos maiores consumidores, treinamento e ações de médio e longo prazo para melhoria. Tal ISO se refere diretamente à redução de emissão de CO_2, e começamos a monitorar também, atrelada aos valores de consumo energético (Escopos 1 e 2), a emissão de CO_2 por produto. Trouxemos ainda para o monitoramento quais fontes de energia devem ser priorizadas para os trabalhos de eficiência energética. Com essa prática, reforçamos o conhecimento sobre emissão de CO_2, as exigências do mercado sobre descarbonização e o *roadmap* para o net zero.

Publicamos o Inventário de GHG (*GreenHouse Gases* – Gases do Efeito Estufa, GEE) no Programa GHG Protocol Brasil. Mapeamos investimentos de longo prazo para a redução de emissão de CO_2 e iniciamos um trabalho de mapeamento de emissão nas principais matérias-primas com discussão de práticas para a diminuição dessa emissão.

Resíduos

A empresa já realizava um trabalho de reciclagem de resíduos e 97% dos resíduos destinados para reciclagem, geração de energia etc. Buscamos então valorizar os resíduos, encontrando alternativas com maior valor agregado para que todos fossem comercializados. Aprovamos um programa para a venda de resíduos de coleta seletiva e que essa geração fosse revertida para alguma instituição escolhida pelos colaboradores, de modo a engajá-los neste processo.

Problemas complexos exigem soluções em rede

Em ESG/Sustentabilidade, fazer parcerias é uma condição para construir projetos de múltiplos impactos positivos.

Água era um dos tópicos materiais para organização. No desdobramento de metas, incluímos uma de redução de consumo de água para a área consumidora, mas era responsabilidade da organização fazer mais. Na área de maior captação de água, identificamos e desenhamos uma parceria com uma fundação do estado para manutenção do local visando a biodiversidade e a manutenção desse recurso. Para aprovar a ideia com a diretoria, apresentei a importância de ações além dos portões da organização para a manutenção do recurso e, além disso, os riscos relacionados a problemas na concessão de uso e reputação.

Outro projeto em parceria importante para a organização foi o resíduo da estação de tratamento de efluentes. Sabíamos que a aplicação de fertilizantes inorgânicos no campo tem uma colaboração expressiva com a emissão de gases de efeito estufa, nosso escopo 3. Conhecendo as características do efluente e fazendo um *benchmarking* com plantas da Europa, propusemos uma parceria com uma universidade local para um projeto de economia circular no qual o lodo da estação de tratamento pudesse ser caracterizado como condicionador de solo e utilizado diretamente no campo, de modo a apoiarmos os fazendeiros da região com um produto orgânico, rico em nutrientes, para ser aplicado no solo durante o plantio e com redução de emissão de CO_2.

Social

No social, como relatei acima, focamos inicialmente nos nossos colaboradores internos e prestadores de serviço centrados em nossa planta.

Conduzimos em parceria com a área de Recursos Humanos, em especial a Ana Carla Salvalaggio, um programa com foco no bem-estar físico e mental de todos os colaboradores que trabalhavam dentro da organização. Identificamos, através de muita escuta, que diversas demandas dos nossos colaboradores estavam relacionadas à falta de um cuidado com saúde física e mental. Por isso, mapeamos juntamente com eles diversas oportunidades em ergonomia, alimentação, saúde física e mental. Implementamos ações desde investimentos em atividades ergonômicas (sugeridos pelos próprios colaboradores) e palestras específicas com diversos profissionais de saúde, trazendo a consciência de cuidados para a velhice; além disso, um trabalho com psicólogas que trouxeram ferramentas como roda da vida e conversas sobre automotivação. Campeonatos e caminhadas para os colaboradores. Cursos de alimentação, melhoria das refeições do restaurante e uma forte comunicação de como tudo estava relacionado com nossa saúde física e mental.

Este projeto foi muito importante, pois eles sentiram como a organização tinha os colaboradores realmente em primeiro lugar; trouxe orgulho e comprometimento deles com os demais programas.

A empresa já realizava um controle ambiental de fornecedores como requisito das normas ISO, o que fizemos foi trazer uma lente de ESG. Procedemos a um mapeamento de todos os tipos de matéria-prima, elencamos os principais impactos no meio ambiente, incluindo os tópicos materiais como CO_2, biodiversidade e escassez hídrica, social (sociedade, saúde e segurança, direitos humanos) e governança, abrangendo impactos de qualidade em nossos clientes, e adicionamos critérios para priorizar aqueles com mais riscos para nossa operação.

Implementamos questionários de ESG específicos para avaliação, e planejamos encontros com conversas sobre tópicos materiais para alinhar nossos direcionamentos e trocar boas práticas.

Estratégias para projetos sociais

Em projetos sociais a organização já atuava com as leis de incentivo, o que fizemos foi retirar a decisão do setor contábil (o que ainda ocorre em muitas empresas) e trazer para a área, definindo os projetos na região de impacto da organização. Além disso, definimos um direcionador para projetos. Essa governança sobre os projetos permitiu escolhas mais aderentes à estratégia de impacto e construção de projetos sociais específicos para serem implementados na região.

Business as usual

E por fim: o líder hoje serve ao mundo atual e às gerações futuras (Paul Polman). Temos em nossas organizações uma responsabilidade e uma OPORTUNIDADE de criar impacto positivo, não somente de compartilhar valor, mas de criar esse valor e lhe dar um significado perene, humano, lucrativo e sustentável.

Governança de *stakeholders*: a pedra fundamental do ESG

Mariana Klein

Sócia-diretora da KICk. Bacharel em Psicologia, especialista em Direitos Humanos pela UESPI e mestranda em Ciências Sociais na Ufes. Iniciou sua trajetória profissional na ciência comportamental, realizando pesquisas de mercado e de comportamento do consumidor. Atua há mais de uma década com comunicação, pesquisas e metodologias socioambientais. Presta consultoria em ESG e trabalha com o desenvolvimento de planos de ação e relatórios de sustentabilidade. Atua de ponta a ponta nas organizações para estruturar culturas propícias ao desenvolvimento de uma agenda ESG e à geração de indicadores. Auxilia diversas organizações na análise inteligente de riscos e oportunidades relacionados à sustentabilidade, direitos humanos e mudanças climáticas.

Ao receber o convite para ser coautora deste livro, me vi envolvida pela vontade não só de amarrar os tantos anos de consultoria e compartilhar sobre as dificuldades que ainda encontramos ao trabalhar com ESG no Brasil, mas também de apresentar as soluções encontradas e desenvolvidas para lidar com essas pedras no caminho. De todas as fragilidades e entraves que me vieram à memória, há algo que se sobressai: **a governança de *stakeholders*.**

É claro que eu já encontrei muitos processos malconduzidos no caminho, mas, felizmente, durante meu percurso profissional, atuei em organizações dispostas a investir no conhecimento sobre suas partes interessadas e nas estratégias de gestão e engajamento, o que me fez vivenciar na prática as idealizações, potencialidades e desdobramentos desses processos dentro da iniciativa privada.

O mapeamento de *stakeholders* foi muitas vezes o precursor de outras boas práticas, como identificação da materialidade e desenvolvimento de novos processos, políticas e estratégias de engajamento comunitário. Algumas dessas empresas buscavam genuinamente alinhar-se ao ESG e entendiam que o sucesso empresarial e a prevenção de crises estão intrinsecamente ligados a essa capacidade de engajar-se efetivamente com suas partes interessadas.

Não à toa, o Banco Interamericano de Desenvolvimento

(BID) e o Banco Mundial dão tanta ênfase à identificação e consulta contínua às partes interessadas como pré-requisito para o financiamento de projetos de desenvolvimento, instruindo que em todas as fases devem ser participativos e considerarem as necessidades, perspectivas e direitos dos grupos de interesse.

A questão não é apenas sobre ser cordial e acolhedor com as pessoas ao redor, embora essas sejam qualidades valiosas. O objetivo principal é evitar crises que possam interromper o progresso do projeto e, por consequência, afetá-lo financeiramente. O fato é que ninguém em sã consciência quer investir recursos em um negócio que desconhece uma grande parte de seus riscos e oportunidades.

Tanto o BID quanto o Banco Mundial, além de uma série de outros padrões globais que utilizamos para desenvolver relatórios de sustentabilidade, nos levam a crer que o mapeamento deve possibilitar uma compreensão refinada dos grupos que possuem algum grau de interação com o negócio, apresentando o grau de influência e o impacto potencial que podem exercer ou receber da organização, a escala e o escopo desses impactos.

O mapa de *stakeholders* também deve auxiliar na definição de **estratégias de comunicação** adaptadas, tanto em termos de conteúdo quanto de formato e linguagem, visando à otimização do engajamento e à abordagem de seus temas relevantes de sustentabilidade, de impactos relacionados e das partes interessadas de maneira abrangente, rigorosa, pontual e acessível.

É com esse olhar integrado sobre as multiformas e multifunções de um mapa de *partes interessadas* que apresento neste capítulo algumas ideias e recursos que me permitiram desenvolver mapeamentos em diversos setores, como o de energia, gás natural e portuário, seja por motivação do empreendimento, seja partindo de condicionantes ou exigências dos investidores.

Além de traduzir um pouco da minha experiência, caminho

sempre amparada por diretrizes adotadas por reconhecidas instituições como o BID, Banco Mundial, *Global Reporting Initiative* (GRI) e Princípios da Accountability AA1000. Além disso, é possível beber de fontes como o PMBOK (*Project Management Body of Knowledge*), que aborda a identificação e o engajamento de *stakeholders* como partes fundamentais da gestão de projetos, incluindo o gerenciamento de *stakeholders* como uma das áreas de conhecimento essenciais.

Essas referências possibilitam que as estratégias estejam embasadas em padrões e práticas reconhecidas globalmente para a gestão de *stakeholders* e responsabilidade social. A aplicabilidade do que será discutido dependerá do contexto, objetivos e orçamento disponível para a execução do projeto, que certamente poderá ser ainda mais rico e consistente com a participação de uma equipe transdisciplinar e a inclusão de atores e especialistas locais.

Por que identificar as partes interessadas?

A um grande empreendimento para o qual presto consultoria, o Ibama fez uma série de exigências para emitir as licenças de instalação e operação. Entre elas, estava a imposição de que as partes interessadas, principalmente das áreas diretamente afetadas (AID) e indiretamente afetadas (AII), estivessem plenamente informadas e pudessem dialogar sobre o empreendimento, apresentando suas preocupações e demandas.

O que o Ibama exige das organizações não se configura exatamente como um mapeamento de *stakeholders,* pelo menos não se considerarmos as metodologias e boas práticas preconizadas pelos padrões globais atuais. Também não se enquadra nesse perfil o que costumamos encontrar em instrumentos da política ambiental previstos pela legislação brasileira — como em estudos de impactos ambientais (EIA) e relatórios de impactos ambientais (Rima). Entristece-me quando esse tipo de dinâmica acaba fortalecendo práticas de *greenwashing, socialwashing* etc., bem como quando o Rima não cumpre seu papel de documento acessível e compreensível para o público em geral.

Entretanto, por iniciativa do empreendimento, esses processos passavam por uma avaliação de responsabilidade social. Nesse contexto, um mapa foi desenvolvido para além das expectativas sobre a identificação e, por meio desse trabalho de inteligência e da comunicação de campo, foi possível desenvolver estratégias coerentes e eficientes para cada segmentação de *stakeholders*, olhando para suas demandas e dúvidas particulares e coletivas.

Grupos vulneráveis e tradicionais foram identificados e abordados de maneira diferenciada, respeitando suas particularidades culturais e sociais. Estabeleceu-se um sistema de *feedback* para garantir que as preocupações e sugestões dos *stakeholders* fossem ouvidas e consideradas. Realizamos a mobilização e engajamento das comunidades para reuniões públicas que, por fim, somaram um público muito além das expectativas.

Não seria o primeiro trabalho em que chegaríamos ao meio do processo já tendo percebido algumas deficiências do caminho percorrido. Há formas muito particulares de se relacionar com grupos, para com os quais devemos ter o respeito básico de não impor nossos modos e cultura. Os *stakeholders* possuem voz para nos dizer como querem que esse relacionamento aconteça e quais os limites estabelecidos. Em um primeiro momento, a maioria das empresas está apenas lhes roubando o tempo para obter informações e despejar o que precisa ser dito. O objetivo inicial precisa ser ouvir, aprender e equilibrar essa relação.

Em outra organização, a identificação e consulta às partes interessadas levaram-nos a conhecer um grupo com significativo poder de influência e que apresentava altas expectativas sobre a gestão da água pela organização. As operações estavam localizadas em cidades por onde passava uma importante bacia hidrográfica que demandava esforços para ser protegida e preservada. Assim como mudanças climáticas e direitos humanos, o tema "água" começava a aparecer em narrativas diversas, figurando como um tema material para todos.

Neste caso, diferentemente das perspectivas da empresa, alguns *stakeholders* acreditavam que esta deveria empregar esforços na proteção da bacia hidrográfica em questão. Como numa espécie de mapeamento de riscos e oportunidades, a empresa não concluía água como prioridade, a questão foi desmerecida e negligenciada. A conclusão era que os *stakeholders* estavam equivocados. Contudo, olhando para o mapeamento e para o grau de influência das partes, no mínimo, precisaria haver a disponibilidade da organização de enviar um representante para participar deste diálogo.

Em ESG, priorizamos os temas materiais, mas nunca dizemos aos *stakeholders* que suas demandas e preocupações são equívocos ou mentiras, sem valor ou mérito. A atitude adequada preconiza investigar os riscos ou oportunidades potenciais daquela situação ou demanda. A boa prática nos diz para nunca negligenciarmos o fato de que algo pequeno pode se tornar grande e irremediável — e sobre isso todos conhecemos muitos *cases* repletos de lama para contar.

Falar disso é um ótimo gancho para ressaltar que empresas são constantemente surpreendidas com a necessidade de um mapeamento quando estão passando por alguma crise. É nesse momento que se dão conta de que precisam saber se relacionar com diferentes partes, com suas diversas demandas e níveis de entendimento. Uma abordagem errada pode colocar tudo a perder.

Elas também são surpreendidas quando começam a desenvolver um plano de ação ESG e iniciam o processo para identificar sua materialidade. A dupla materialidade abrange a análise tanto do impacto dos fatores de sustentabilidade no desempenho financeiro e na posição da empresa quanto do efeito das atividades empresariais na sociedade e no meio ambiente. Ou seja, não se faz e não se relata ESG sem antes conhecer quem são as partes interessadas, seus principais interesses, demandas e preocupações em relação à sustentabilidade da organização, o poder e a influência que exercem sobre suas operações, bem como os riscos e oportunidades que apresentam.

O que o mapeamento busca responder

O GRI (2021), padrão bastante utilizado para relatórios de sustentabilidade, pede, entre tantos indicadores, um relato sobre a abordagem adotada para engajar-se com os *stakeholders*, as categorias e o modo como estas são identificadas. Não só isso, solicita também o propósito do engajamento e demanda-nos descrever planos de engajamento de *stakeholders* baseados em mapeamentos; comitês e processos de consulta ampla à comunidade local, incluindo grupos vulneráveis.

Quando somado aos padrões do *Sustainability Accounting Standards Board* (SASB), com o qual apresenta interoperabilidade, utilizando-se também das normas recentes IFRS S1 e IFRS S2, precisaremos criar estratégias para entender como questões do clima e financeiras ligadas às mudanças climáticas podem impactar os *stakeholders* da organização e vice-versa — o que ainda se apresenta como um tema de alta complexidade para muitos.

As diretrizes do BID contidas no documento *"Consulta significativa às partes interessadas: série do BID sobre riscos e oportunidades ambientais e sociais"* (2017) também são muito interessantes como roteiro de questões a perseguir e se assemelham bastante às fornecidas pelo Banco Mundial, ao GRI e aos princípios AA1000 da Accountability.

Partindo da metodologia do BID, é possível adaptar alguns tópicos para a seguinte organização de dados sobre os *stakeholders*:

1) categoria;

2) qual o Impacto/Interesse (esperado ou potencial);

3) características da categoria;

4) plano de consulta;

5) preocupações e recomendações apresentadas pelo grupo;

6) preocupações e recomendações refletidas nas estratégias da empresa e como afetam os *stakeholders*;

7) mecanismos eficazes para fornecer *feedback* sobre suas preocupações;

8) recomendações consideradas e integradas nas estratégias e decisões;

9) proposta de engajamento.

Outras ferramentas existentes podem ser incorporadas às estratégias da pesquisa para facilitar a visualização das correlações entre a empresa e os *stakeholders*. A metodologia MAW (Mitchell, Agle e Wood, 1997) nos dá a capacidade de identificar e classificar *stakeholders* com base em três atributos principais — **poder, legitimidade e urgência** — e de reconhecer a dinâmica entre esses atributos para entender a relevância e a influência das partes interessadas na tomada de decisões.

Utilizar essa metodologia pode gerar ótimos *insights* para novas questões a serem perseguidas. Por meio da MAW, é possível responder, por exemplo, quais *stakeholders* apresentam pouca ou nenhuma interação com a organização, mas que ainda assim deve-se monitorar o potencial; ou quais *stakeholders* não possuem reivindicações urgentes, nem poder para influenciar a empresa, mas que demandam atenção direcionada ao que diz respeito à responsabilidade social corporativa.

Outra ferramenta usada com recorrência são adaptações do modelo para análise de influência e importância do *stakeholder* de Savage et al (1991). Esse modelo concentra-se na avaliação do potencial de cooperação e ameaça que cada *stakeholder* representa, categorizando os grupos em um destes quatro tipos: **dispostos a apoiar, marginais, indispostos a apoiar e ambíguos.** Cada categoria sugere uma estratégia específica de engajamento, como envolver, monitorar, defender e colaborar, respectivamente.

Por fim, o mapa apresentará o DNA das partes interessadas utilizando-se de uma gama de ferramentas, desde textos narrativos envolventes, tabelas detalhadas, fluxogramas intuitivos, mapas expansivos, matrizes esclarecedoras até infográficos detalhados. Assim, desdobram-se diante de nossos olhos possibilidades infinitas para o desenvolvimento de estratégias.

Atualmente, temos ainda a chance de transformar esse mar de dados em *insights* e estratégias através da inovação tecnológica — nas ferramentas avançadas de *business intelligence, analytics e machine learning*. Essas tecnologias são facilitadores e amplificadores de nossa capacidade de ver padrões, prever tendências e, finalmente, desenhar o futuro dos negócios em termos sustentáveis e éticos.

Todo este movimento está gerando novas discussões sobre a governança de dados e governança de *stakeholders*, com incentivo à criação de conselhos consultivos que incluam colaboradores, membros da comunidade, fornecedores, investidores e outros. Nesse cenário, a incorporação de uma abordagem que considera múltiplos *stakeholders*, em conjunto à adoção dos princípios de ESG, são elementos fundamentais para moldar a governança do futuro.

Os desafios existirão, pois ainda enfrentamos alguns cenários resistentes ao ESG e às práticas inclusivas e participativas. Para estes, caber-nos-á conscientizar que, na identificação e engajamento de *stakeholders*, a única contraindicação é fazer de qualquer jeito, apenas para cumprir um item de um *checklist*, e sem contar com uma equipe especializada.

É preciso, antes de tudo, entender que, ao incorporar as perspectivas diversas dos *stakeholders* em todos os níveis da tomada de decisão, no mínimo, poderemos prevenir crises, antecipar desafios e descobrir oportunidades de inovação que, de outra forma, permaneceriam ocultas.

Implementação da agenda de sustentabilidade em empresas

Mariana Vieira

Tem 15 anos de experiência na área de sustentabilidade corporativa em segmentos editorial e varejo, em empresas como Grupo Abril, C&A, Lojas Renner S.A. e Track&Field. Sua atuação tem foco em temas como planejamento estratégico para sustentabilidade; comunicação e engajamento; governança para sustentabilidade e economia circular. Tem vivência em linhas de reporte global e trabalho em parceria com diversas nacionalidades, bem como no desenvolvimento de relatórios e reportes. É coautora dos livros "Economia Circular - Um modelo que dá impulso à economia, gera empregos e protege o meio ambiente" e "Mulheres ESG", da Editora Leader; graduada em Letras, pós-graduada em Administração de Empresas, pela Fundação Getulio Vargas (FGV), e tem extensão em Sustentabilidade e Responsabilidade Social Empresarial, também pela FGV, além de outra extensão em Gestão Integrada ESG, pelo IAG-PUC-Rio.

É muito curioso como a sustentabilidade e o ESG estão no *hype*, e quantas pessoas interessadas e/ou entusiastas estão se movimentando para atuar com temas tão fascinantes. Eu, que estou há cerca de 15 anos nessa área, vivo um misto de sentimentos: orgulho, por ver que as pessoas estão preocupadas com esse tema e querem contribuir para o avanço dessa agenda; e senso de responsabilidade, porque a atuação nessa área não é tão simples quanto parece, e sinto que é preciso compartilhar com os futuros colegas de profissão quais são as dores e os sabores de entrar nesse universo.

Há um grande leque de possibilidades de atuação nas questões sociais e ambientais, especialmente no mundo corporativo, em que cada segmento e cultura empresarial apresentam oportunidades e desafios diferentes. E aqui pretendo me dedicar a compartilhar dicas e um caminho para implementar um plano de sustentabilidade em empresas – um dos desafios que mais me faz brilhar os olhos e que já vivi e tenho vivido diariamente nos últimos tempos.

Desses meus 15 anos de carreira na área de sustentabilidade corporativa, 11 deles foram dedicados ao varejo de moda, um dos mais poluentes do mundo e um dos mais intensivos em mão de obra – sim, é uma indústria ainda muito "artesanal" em algumas etapas. E tudo isso faz com que seja um segmento muito estigmatizado e julgado como vilão ou algo sem solução. Mas quem teria a pretensão de solucionar todos os problemas dessa indústria? E aqui trago **minha primeira contribuição: independentemente do grau de desafio que o segmento oferece, o primeiro passo é justamente identificar quais são esses desafios – e também suas oportunidades**. Para isso, é imprescindível fazer um mergulho para conhecer a fundo o negócio (e aqui falo de forma geral, mesmo, não só as questões socioambientais), suas características, especificidades, idiossincrasias e até mesmo seus dilemas - ou falsos dilemas, como diria Fabio Barbosa, um dos executivos mais brilhantes e precursores da agenda de sustentabilidade nos negócios. Aqui, por exemplo, no meu processo de construção desse conhecimento, eu li muitas publicações nacionais, internacionais, de grandes consultorias ou de associações setoriais; também conversei com pessoas de dentro e de fora da empresa, fiz *benchmarkings* e conheci fornecedores e a realidade dos diferentes elos da cadeia. Dica extra: fazer o processo de Relatório Anual ou de Sustentabilidade (como você preferir chamar) também é uma excelente ferramenta para entender e sistematizar o conhecimento sobre a empresa.

Tudo isso é a base, porque existe uma outra camada que faz toda a diferença, e aqui vai logo a **segunda dica: conheça a cultura corporativa e tenha clareza do "apetite" da alta administração para o tema**. Eu diria que são dois elementos que vão determinar o sucesso ou o fracasso da implementação dessa agenda em qualquer companhia. A cultura não é algo que se coloca numa apresentação em PowerPoint, e sim algo que se vive no dia a dia – e essa é a melhor forma de conhecer. Por isso, converse com as pessoas, viva a rotina de outras áreas, transite! Isso é fundamental, é aquele toque especial para ser mais assertivo nas propostas de caminhos a serem seguidos. E um ponto importante: empresas do mesmo segmento podem ser completamente diferentes, muito em função da cultura e do apetite, que influenciam muito em como essa trajetória será – digo por experiência própria. Por isso, mergulhe de cabeça.

Feito isso, chegamos à **terceira etapa: é hora de colocar a mão na massa, e mapear quais são as contribuições que a companhia deve, pode e quer fazer para a agenda social e ambiental**, seja na busca por adequações a legislações (sim, às vezes é preciso começar pelo básico); na busca por redução de impactos negativos; na geração de valor em suas cadeias de valor; ou, até mesmo, na busca por inovações e soluções disruptivas que coloquem o modelo de negócio da empresa em outro patamar. Neste ponto também é bacana iniciar um exercício para entender o que já se tem em casa (e aqui é fundamental envolver as áreas do negócio) e o que ainda precisa ser feito. Ao fazer esse mapeamento, já temos um panorama do que o mercado vem fazendo e suas boas práticas, e podemos começar a delinear qual marca queremos deixar. Nas minhas experiências anteriores, o envolvimento das áreas para compreender o que já acontece é uma etapa crucial para começar a construir engajamento e pavimentar uma parceria de longo prazo e que está só começando.

Aí, então, já chegamos ao **quarto passo: é tempo de priorizar e legitimar as áreas-foco de atuação da empresa, e recorrer aos públicos de interesse da companhia para que contribuam com essa construção.** Eu diria que essa etapa é uma das mais interessantes, pois é aqui que conseguimos ver as diferentes perspectivas, pontos de vista e como tudo pode ser importante. Mas temos que resistir e fazer escolhas, já que empresas são compostas por pessoas e têm recursos limitados. É aqui que vemos que o profissional de sustentabilidade não vai salvar o mundo – e está tudo bem! ☺ Nessa etapa, pela minha experiência, pesquisas online, entrevistas, rodas de conversa e até mesmo reuniões são ferramentas excelentes. A pesquisa possibilita maior alcance e, talvez, maior representatividade em termos de volume de contribuições. Já entrevistas, reuniões e rodas de conversa limitam um pouco a quantidade de pessoas ouvidas, mas sua contribuição qualitativa é, sem dúvida, riquíssima. A mescla de vários formatos pode ser bastante interessante para guiar a formatação do que serão os norteadores da companhia para a agenda socioambiental.

Tendo sua matriz de temas priorizados, chegamos à **quinta etapa: é hora de validar o nível de ambição e o horizonte temporal com a alta administração e envolver as áreas do negócio para a construção de objetivos, compromissos e metas que vão direcionar os esforços para fazer tudo acontecer.** Uma coisa é o sonho, outra coisa é o que dá para fazer – mas é importante ter em mente que não é só para ficar na zona de conforto: é preciso haver desafio, desde que seja factível e exequível. E é aqui que a cultura empresarial e o apetite de alta administração vão ter o maior peso, pois o apetite vai determinar o nível de ambição, e a cultura corporativa vai determinar se esse nível poderá ser atingido.

Na fase de desenvolvimento de metas, compromissos e indicadores é fundamental empoderar os líderes das áreas de negócio, pois, na prática, são eles que vão fazer o plano acontecer. Ninguém melhor que o "dono" da área/tema para dizer o que dá e o que não dá para fazer – afinal, a agenda de sustentabilidade é da empresa, e não da área de sustentabilidade. E aqui uma **dica extra é: estresse muito os números, indicadores, unidades de medida, conceitos, etc. e crie fichas detalhadas para cada um dos compromissos com todos esses combinados.** Dessa forma, garante-se a gestão do conhecimento e o alinhamento para que as coisas não se percam caso alguém saia, por exemplo.

Feito isso, entramos numa fase essencial para que tudo aconteça – e aqui vem minha **sexta dica: criar uma estrutura de governança** para que os compromissos efetivamente saiam do papel. É preciso definir quem serão os *sponsors*, os patrocinadores, mesmo, que vão dar "aquela forcinha" quando algo ameaçar sair dos trilhos; e os responsáveis por cada compromisso/meta, que vão liderar a agenda no dia a dia. Também é importante definir como e com qual frequência serão feitos os reportes e prestações de contas, e em quais formatos e meios; com qual frequência os grupos se reunirão, e daí por diante. Na minha experiência, é importante que os *sponsors*, por exemplo, sejam representantes da alta liderança da companhia e que tenham relação com determinado tema. Já os responsáveis são líderes que podem tomar decisões que impactem (positiva ou negativamente) na implementação de uma nova iniciativa ou projeto. Mas as pessoas sempre perguntam: "Mariana, como fica o seu papel nessa história toda?" Meu papel, em geral, era o de "tocar o bumbo" e facilitar que todos consigam atingir os resultados esperados. Eu brinco que, seja para carregar uma caixa, montar uma apresentação, prestar consultoria ou ir a reuniões com a alta liderança para defender determinado projeto: a área de sustentabilidade fica à disposição para absolutamente qualquer coisa necessária para fazer a agenda socioambiental acontecer.

Com isso tudo em mãos, chega a nossa **sétima etapa, que é fazer a validação final da agenda de sustentabilidade da companhia e sua proposta de estrutura de governança junto à alta administração** – e é depois disso que o jogo começa a acontecer de verdade. Aqui minha recomendação é buscar momentos com a diretoria e também, quando aplicável, junto ao Comitê de Sustentabilidade e Conselho de Administração. Essas etapas legitimam a estratégia e podem contribuir para que haja maior fluidez em sua implementação.

Com todos a bordo, chegamos ao **oitavo passo: comunicar e engajar**. Uma das etapas mais importantes e "divertidas", talvez. É hora de "contar ao mundo" quem a gente quer ser nessa história, e angariar aliados para construir esse caminho – e, para isso, o céu (e o orçamento) é o limite. O fato de tornar esses compromissos públicos (mesmo que só dentro da própria companhia) já ajuda a trazer o senso de responsabilidade para todos. Nos momentos em que eu vivi essa etapa, optamos por trazer o plano estratégico e o conjunto de compromissos no Relatório Anual de Sustentabilidade, e já fizemos eventos para explicar como seria a agenda socioambiental a partir daquele momento. Em uma das vezes em que estive envolvida nesse processo, criamos um robusto plano de comunicação que, para o público interno, por exemplo, envolveu desde os tradicionais e-mails marketing e notinhas na *newsletter* interna, até jogo para os colaboradores e evento com palestrante reconhecido no mercado. Externamente, releases para a imprensa, entrevistas exclusivas a veículos de comunicação relevantes, publicações em redes sociais e atualização do website corporativo da empresa foram ferramentas importantes para a disseminação do conteúdo entre formadores de opinião e para fortalecimento de marca empregadora.

Importante reforçar que, a partir do momento em que se comunica interna e/ou externamente o compromisso da empresa na agenda socioambiental, a consistência e a transparência viram premissas inegociáveis. Portanto, é aqui que a estrutura de governança faz toda a diferença, pois a roda precisa girar, e será necessário prestar contas dos avanços dos compromissos e metas – e é aqui que chegamos à **penúltima etapa disso tudo.** Seja por meio do Relatório Anual, releases de resultados, site institucional da companhia ou até mesmo eventos, é importante escolher um canal que tenha a ver com o posicionamento de comunicação da companhia e dividir com o mercado e a sociedade os progressos, as conquistas e, eventualmente, aquilo que não deu tão certo assim – afinal, nem tudo é perfeito e isso faz parte da transparência.

E, **por último, minha recomendação (e meu pedido) é celebrar as conquistas.** Sejam elas pequenas ou grandes, a comemoração é fundamental para garantir o moral e o combustível para continuar avançando. E aqui vale o que a criatividade e o contexto da companhia permitirem, só não deixe de fazer.

No meio disso tudo, tem o fazer acontecer. Tendo feito todo esse processo, a probabilidade de que as pessoas necessárias estejam engajadas é bastante grande. Se quiser dar uma forcinha extra, influencie para que os compromissos/metas/respectivos indicadores estejam atrelados à remuneração variável dos executivos ou às metas de desempenho dos times – de forma compartilhada gera ainda mais resultados positivos. Invista, também, em treinamentos, espaços de diálogo, workshops e treinamentos para todos, não só para aqueles que você envolveu ao longo do processo. Além de gerar orgulho em pertencer, isso faz com que angariemos ainda mais aliados e embaixadores para contribuírem de forma positiva para a construção de uma jornada consistente e duradoura. Desse modo, e aos poucos, contribui-se para a criação de uma cultura de sustentabilidade na companhia.

Aqui, por fins didáticos, enumerei as etapas, mas é claro que algumas podem (e vão) acontecer de forma concomitante. Em alguns momentos pode parecer que nada está saindo do lugar, ou que nada vai dar certo: se esse sentimento bater, respire, converse com um colega de mercado e você verá que, mesmo aqueles que atuam em empresas em que essa agenda está bem avançada, em algum momento essa "crise" também aconteceu. E se algo não der certo, tudo bem, também: volte, recalcule a rota e tente um novo caminho. Independentemente do nível de maturidade da empresa, essas coisas podem acontecer. Isso porque, quando se está num nível mais básico, a exigência é para você sair da inércia; e quando se está num nível de maturidade mais avançado, a cobrança é por sair do óbvio e, muitas vezes, implementar iniciativas mais disruptivas e que contribuam verdadeiramente para a transformação do negócio. E outro ponto que acho bom destacar também é que, no meio do caminho, interna ou externamente, você pode encontrar aqueles que não querem contribuir para o avanço da agenda, e aqueles que criticam o que está sendo feito: mas não se deixe abalar! Essas pessoas são necessárias e, em alguns casos, nos permitem ver as coisas sob outra ótica e nos ajudam a encontrar caminhos alternativos para evoluir. O mais importante disso tudo é aproveitar a jornada e conduzir as coisas com leveza.

Conexões que potencializam a sustentabilidade

Onara Lima

Executiva de Sustentabilidade ESG, engenheira Ambiental e Sanitária e de Segurança do Trabalho, MBA em Gestão Empresarial pela FGV (Fundação Getulio Vargas), especialização em Gestão de Pessoas pela FIA, Sustainable Business Strategy pela Harvard Business School, formação executiva focada em Sustentabilidade e seus aspectos ESG. Curso de Conselheira de Administração pelo IBGC.

Atuando há 21 anos em Gestão Ambiental e Sustentabilidade, durante esse período, trabalhou em empresas como Gerdau, Suzano, Ambipar, CCR. Participa do **CBPS** – Comitê Brasileiro de Pronunciamentos de Sustentabilidade, Comissão ESG da Abrasca (Associação Brasileira das Companhias Abertas), conselheira do Instituto Capitalismo Consciente e fundadora da marca Onara Lima ESG Advisory.

Professora de Educação Executiva: FIA, ESPM, FDC e PUC In Company.

Elos que constroem o coletivo para potencializar o impacto positivo.

Meu *case* será sobre a construção de elos potentes que são capazes de potencializar os resultados e engajar pessoas. É sobre trabalhar juntos de maneira estratégica, alinhados com o mesmo objetivo e traçar caminhos possíveis.

Em toda a minha trajetória pessoal e profissional, sempre acreditei e pratiquei o conceito do coletivo, do trabalho em time, por acreditar que dessa forma com certeza vamos mais longe. Como dizia uma amiga: "Quer ir rápido, vai sozinha, quer ir longe, vai junto".

Na sustentabilidade isso se reforçou ainda mais, pois tudo é sobre ecossistema, onde todos importam e têm a sua função. E isso não se aplica apenas à natureza, como diz Jane Goodall em seu "Livro da Esperança": *"Ajudar as pessoas a perceberem que suas ações, não importa quão pequenas possam parecer, realmente fazem a diferença. O efeito cumulativo de milhares de ações éticas pode ajudar a salvar e curar o nosso planeta para as gerações futuras".*

Dados os diversos desafios relacionados aos temas da sustentabilidade, e o fato de que muitos deles são setoriais, precisamos reconhecer o papel relevante que têm as Associações, Grupos, Comitês, Fóruns, Instituições, ONGs, etc. Neste capítulo, vou compartilhar minha experiência com todo esse universo das representações e focar no fator humano em seu coletivo como o vetor de mudança.

Outra abordagem que farei será sobre os resultados obtidos nestes espaços democráticos de troca de experiências, fortalecidos pela multidisciplinaridade dos membros que participam e contribuem legitimamente para a causa, tema, regularização, normatização, entre outras frentes. Valorizar a diversidade cognitiva[1] em sua amplitude possível.

Ambientes que geram resultados compartilhados

Em 2004 iniciei a minha participação no GPMAI Vale do Paraíba – Grupo de Profissionais de Meio Ambiente Industrial, fórum de discussão e intercâmbio de soluções e alternativas de melhoria ambiental, no âmbito das indústrias da região, com reuniões mensais, realizadas nas empresas participantes. O GPMAI também organizava seminários abertos ao público, cobrindo as temáticas ambientais diversas, com foco na Produção mais Limpa, Responsabilidade Ecossocial, Ações de Sustentabilidade: Desafios & Oportunidades nas Indústrias do Vale. Neste espaço pude contribuir de forma efetiva compartilhando as vivências que tive tanto em certificações, quanto em licenciamentos ambientais, gerenciamento de resíduos e efluentes, mas o ponto alto desses encontros era a possibilidade de levar nossas dificuldades nos processos os quais trabalhávamos e ouvir colegas mais experientes que eventualmente já tinham passado por situações similares e obtiveram sucesso na solução do problema. Outro ponto importantíssimo era a representatividade quanto aos órgãos reguladores locais, que também eram convidados para dar palestras e tirar dúvidas no que tange aos aspectos regulatórios.

O coordenador na época, e fundador, Marcelo Morgado,

---

[1] Essa é a diversidade que leva em consideração a pluralidade de ideias e de posicionamentos. Ela vai além da pluralidade de gênero, raça e outros, como esclarece Ana Carolina Souza, especialista em neurociência organizacional.

tinha uma capacidade relacional extraordinária, bem como conhecimento técnico amplo, o que nos trazia muitos *insights* e por muitas vezes era um impulsionador para seguirmos na jornada, que sempre exigiu resiliência.

Meu *case* especial nesta etapa foi um desafio que enfrentava na ineficiência operacional da ETEI que estava sob minha responsabilidade na empresa em que eu trabalhava, e pude contar com os ensinamentos e apoio de um colega do GPMAI com muita expertise no tema, anos de experiência, responsável pela ETE da Johnson&Johnson, planta de São José dos Campos. Foram alguns meses de mentoria e sugestões, e ao final, após algumas adaptações, o problema foi sanado com êxito. Obrigada, Luiz!

Outro *case* foram os processos complexos de licenciamento ambiental, os quais sempre nos desafiam, e foi possível aprender detalhes e etapas de projetos, tecnicamente falando, através das palestras com técnicos do órgão regulador local (Cetesb).

Nesta época, ainda não falávamos em ESG por aqui, mas, quando um grupo de profissionais se reúne para encontrar caminhos e soluções compartilhadas que geram impacto positivo do ponto de vista ambiental, envolvendo através dos seminários abertos a sociedade e traz a governança para que seja algo estruturado, com regimento e continuidade, já estávamos praticando ESG.

Representatividade Setorial – Impulsionando boas decisões

Passando para o período de 2012 até 2015, quando estava trabalhando no setor florestal, em uma empresa produtora de celulose (Fibria, atual Suzano), e diante da magnitude que representava o setor e a empresa, eu participava de alguns fóruns que tinham um papel relevante e estratégico setorialmente, os quais irei compartilhar, relatando como foi essa experiência que me proporcionou novos olhares, postura e muito desenvolvimento profissional.

Levando em consideração toda a complexidade com que nos deparamos no setor agroflorestal, e as inúmeras oportunidades que existem neste universo amplo, seja no aspecto ambiental, social, seja nos avanços regulatórios que podemos chamar aqui de governança, essa é a conexão que faço com o ESG, pensando que florestas de eucalipto despertaram por muito tempo alguns questionamentos, entre seus *stakeholders*. Lembro-me que em diversos diálogos com a comunidade e ambientes acadêmicos (professores especialistas e pesquisadores) surgem os dilemas sobre: o eucalipto secar o solo, quanto ao regime de monocultura e por ser uma espécie exótica... e por aí vai. E lá íamos nós explicar sobre o Manejo Florestal correto e seus benefícios, inclusive para a própria sobrevivência do negócio, que precisava ser de fato sustentável. A empresa, inclusive, tinha um CT (centro de tecnologia, PD&I) incrível, com profissionais de altíssimo nível, referências no tema. Estou trazendo esse contexto aqui pois esses também eram temas recorrentes e pautas desses encontros/debates setoriais.

Participei de discussões riquíssimas em ambientes onde profissionais com muita experiência trabalhavam e almejavam objetivos em comum e, claro, sempre em busca de possíveis caminhos e soluções que fossem capazes de reverberar positivamente e com uniformidade entre as partes envolvidas e empresas participantes. Muitas vezes em um mesmo espaço de diálogo, como era o caso do "Fórum Florestal de São Paulo", os encontros eram totalmente democráticos, com representantes de empresas, institutos, ONGs, associações, fundações e diversas instituições. Houve também, neste período, muita interação com a Associação IBÁ Indústria Brasileira de Árvores, na qual o objetivo está em valorizar os produtos originários dos cultivos de pinus, eucalipto e demais espécies plantadas para fins industriais, através de uma governança sólida e comprometida com a ética, prezando pela responsabilidade socioambiental. Observem que os aspectos ESG já estavam claramente sendo direcionados nestes espaços.

Seguem alguns exemplos na prática sobre a atuação: parte da ATA do 16º Encontro do Fórum Florestal de São Paulo

FÓRUM FLORESTAL DE SÃO PAULO
Relatório do 16.º Encontro
Fazenda Boa Esperança, Capão Bonito, 21 e 22 de março de 2013

2. **Monitoramento das Diretrizes SocioAmbientais:** Juliana faz uma breve apresentação do histórico das diretrizes Socio Ambientais e lê as **diretrizes de fomento**, passando a palavra para Fernanda Alvarenga (Fibria) que faz uma apresentação da implantação em São Paulo da Cartilha Fomento Legal (Programa Fomento Legal). Os slides da apresentação seguem no **ANEXO III** no formato pdf. Onara O. Lima (Fibria) explica que a cartilha está em revisão para adaptação ao novo código florestal e a área foco de distribuição neste momento será a região do Vale do Paraíba. Após a apresentação foram discutidos os indicadores para checar a efetividade da cartilha (% de adesão e checagem de campo), sobre a certificação de fomentados que já começa a ser exigida pelo FSC e sobre programas de Pagamento por Serviços Ambientais. Sobre a certificação dos fomentados vale ressaltar que a empresa

Fonte: https://dialogoflorestal.org.br/wp-content/uploads/2018/06/forum-sp_xvi-encontro2013.pdf

Fórum SP inicia o monitoramento das Diretrizes Socioambientais

POR FERNANDA RODRIGUES | NOV 16, 2014 | FÓRUM FLORESTAL PAULISTA

O Fórum Florestal de São Paulo se reuniu no dia 22 de outubro, no auditório da UMAPAZ, Parque Ibirapuera, São Paulo para iniciar o monitoramento, avaliação e atualização das Diretrizes Socioambientais de Relacionamento com as Comunidades do Entorno e de Fomento Florestal, aprovadas em 2012 pela plenária e deu continuidade a outros assuntos como o Plano de Manejo da APA Botucatu.

Iniciando o encontro, Onara Oliveira de Lima (Fibria) fez uma apresentação sobre o trabalho da empresa para definição e estabelecimento das Áreas de Alto Valor para Conservação (AAVC). A apresentação levantou a necessidade das instituições contribuírem para o processo de criação dos padrões e metodologia nacionais que está em fase de planejamento pelo Proforest.

Fonte: https://dialogoflorestal.org.br/forum-sp-inicia-o-monitoramento--das-diretrizes-socioambientais/

Seguindo para 2022, reforçando que, independentemente do setor, é fundamental trabalhar em conjunto para fortalecer pautas e direcionar temas estratégicos para o negócio, foi o momento de participar no MoveInfra, um movimento que reúne os seis principais grupos de infraestrutura do país, sendo companhias com capital aberto na B3, integrantes do índice de Sustentabilidade Empresarial (ISE) e/ou Novo Mercado. É um fórum de discussão construído com o objetivo de congregar, representar e promover a interação multissetorial das empresas associadas, que desenvolvem atividades essencialmente ligadas à infraestrutura de transporte e logística no território nacional, pautado pelos mais elevados padrões de governança, transparência e integridade, garantindo o nível de credibilidade no mercado e relevância setorial. Neste contexto, participei representando a CCR no comitê responsável pelas pautas relacionadas às questões socioambientais. Dada a importância do fortalecimento da parceria entre setor público e privado para impulsionar os compromissos e investimentos em projetos sustentáveis, trabalhamos em alguns temas como caminhos factíveis para definir metas do setor que corroborem para a transição rumo a uma economia de baixo carbono. Ainda teve atuação técnica quanto a sugestões para uniformização nacional das regras de licenciamento ambiental (PL 2.159/21) no que tange a infraestrutura ligada ao transporte e logística. Os debates trazidos também tinham o objetivo de fomentar o engajamento para definir possíveis mecanismos e estudos que as agências reguladoras, secretarias e ministérios, somando as ações aos esforços e compromissos do setor privado para avanços significativos nos aspectos socioambientais na prática e implementá-los.

Sustentabilidade no Ambiente Educacional

O poder transformacional da sala de aula

Considero-me uma eterna aprendiz, e sinto que a sala de aula é um lugar democrático e muito potente que pavimenta a estrada do conhecimento para conectar e somar na experiência vivencial, e vice-versa.

Em minha trajetória, também tenho a oportunidade de ser professora em cursos de formação continuada, seja MBA, especialização ou pós-graduação, o que proporciona um espaço construtivo de compartilhamento das experiências profissionais conectadas ao ambiente acadêmico, bem como as vivências dos alunos, em um ambiente diverso e enriquecedor. A partir desse espaço, tenho algumas percepções pessoais sobre a importância de fortalecer a sustentabilidade na educação, mas irei focar aqui a capacitação de lideranças, sendo um caminho para ficarem por dentro dos desafios, tendências e avanços da agenda ESG, com a responsabilidade de elevar o nível de consciência como parte da estratégia do negócio, inserida no processo e não apenas segregado a uma área ou departamento dentro da companhia. Esse caminho para a transversalidade do tema precisa ser pavimentado pela capacitação, sendo o fio condutor entre a teoria até a prática.

Diante da amplitude da sustentabilidade e complexidade dos temas que estão contemplados na Governança dos Aspectos Socioambientais e sabendo que negócios precisam ser equilibrados economicamente, podemos concluir que isso é totalmente sobre negócios sustentáveis, do ponto de partida onde a exigência do domínio de conhecimentos específicos, técnicas e procedimentos tradicionais das atividades da empresa, a mudança de pensamento passa a exigir um olhar disruptivo dos profissionais, em especial da liderança, para que sejam capazes de aprender continuamente, o famoso *lifelong learning*, sobre novos valores e práticas associadas a sustentabilidade e tais habilidades que são de fato relevantes quando efetivadas e traduzidas em ação, jornada que necessariamente passa pelo ambiente educacional. Neste contexto é indispensável trazer *cases* para a sala de aula, experiência na prática respaldada pelos fundamentos educacionais, sendo capaz de inserir demandas de mercado quanto ao tema ESG e plugar em um contexto que faça sentido para os alunos, sendo materializado todo esse conhecimento adquirido na prática e no desenvolvimento de suas atividades profissionais.

Seguindo para a conclusão, não poderia deixar de compartilhar a minha experiência em outros ambientes que potencializam o aprendizado e geram muitos resultados positivos, através da participação na Comissão ESG da Abrasca, como membro do CBPS (Comitê Brasileiro de Pronunciamentos de Sustentabilidade) e Conselheira do Capitalismo Consciente.

Estamos vivendo um momento muito importante quanto aos aspectos ESG, que será um ponto de inflexão, onde a convergência de dados contábeis e de sustentabilidade estão sendo padronizados globalmente, com as normas IFRS International Financial Reporting Standards, IFRS S1 e S2. A criação do CBPS resultou da iniciativa da Fundação de Apoio ao Comitê de Pronunciamentos Contábeis e de Sustentabilidade (FACPCS), formalizada mediante a Resolução n.º 1.670, de 9 de junho de 2022, do Conselho Federal de Contabilidade. Tem como objetivo o estudo, o preparo e a emissão de documentos técnicos sobre padrões de divulgação de sustentabilidade e a divulgação de informações dessa natureza, para permitir a emissão de normas pelas entidades reguladoras brasileiras, levando sempre em conta a adoção dos padrões internacionais editados pelo International Sustainability Standard Board – ISSB. Reforçando e validando todas as abordagens, citadas neste capítulo, estamos falando de um grupo multidisciplinar, idealizado a partir da união de esforços e comunhão de objetivos de entidades representativas, que visam como resultado do seu trabalho emitir pronunciamentos técnicos, interpretações e orientações, apoiando as empresas a aplicar as normas.

A responsabilidade da representatividade que é atribuída nestes ambientes, onde soluções ou possíveis caminhos são pensados e traçados coletivamente, orientações, participação propositiva do ponto de vista técnico em regulamentações, traz a democratização dos temas com governança, um olhar que precisa ser disruptivo, inovador e muita intencionalidade transformada em ação para tracionar e engajar a mudança positiva sobre a elevação do nível de consciência sobre os aspectos ESG, para além do regulatório. Se queremos seguir avançando, certamente esses espaços são de extrema importância e temos diversos casos reais de sucesso. Podemos citar alguns por aqui, como CEBDS (Conselho Empresarial Brasileiro para o Desenvolvimento Sustentável), Pacto Global da ONU, Instituto Ethos, etc...

Fator Humano como vetor da mudança

Capitalismo Consciente

Eu poderia ficar aqui escrevendo as milhares de razões as quais devemos levar em consideração para sermos mais conscientes e de fato AGIR quanto ao tema sustentabilidade, o que determinará a nossa sobrevivência, assim como a sobrevivência dos negócios. Mas vou fechar com a reflexão abaixo:

Na obra "Ação Humana: Um tratado de Economia", de Ludwig von Mises, o autor afirma: "O que determina o cálculo econômico, que em si é o principal problema da economia, é a ação humana. O autor observa que os eventos econômicos são o resultado das ações concretas dos homens, que estão sempre em busca de um estado de maior satisfação. Ele desenvolve o que chama de praxeologia, ou seja, a 'lógica da ação humana': o homem racional calcula quais são os melhores meios para atingir os fins que deseja, com base numa valoração interna que faz das opções que lhe são apresentadas pela realidade; a ação humana, portanto, é o resultado da aplicação do aparato racional do homem diante da necessidade de fazer uma escolha". Após a leitura do livro, sempre me lembro dos três gatilhos para o comportamento humano e suas escolhas: Medo, Necessidade e Desejo.

A ética e a integridade são totalmente sobre comportamento humano.

Mais do que parecer, ser: o início da jornada ESG

Patricia Torres

Vinte anos na gestão de projetos de comunicação corporativa, cultura organizacional e sustentabilidade no segmento financeiro e de energia. Em 2020 iniciou sua trajetória como empreendedora com a promessa de entregar valor aos seus clientes a partir da sua vivência corporativa. Fundadora da Wonder Consulting, é publicitária, pós-graduada em Administração de Empresas e MKT, com MBA em Gestão Estratégica de Projetos pela FGV-SP (Fundação Getulio Vargas), especialização em Branding pelo Insper e Gestão de Riscos Reputacionais ESG+T pelo Centre for Reputation Leadership. Certificada em Coaching Executivo pelo ICI.

Se eu tivesse que escolher uma palavra para definir o que mais valorizo em toda a minha trajetória profissional esta palavra seria **oportunidade**. Desde o início da minha carreira no mercado financeiro, sempre escolhi caminhos que me aproximaram mais e mais do meu sonho de atuar como profissional de comunicação. Era uma equação difícil porque a oportunidade pedia experiência técnica, que eu ainda não tinha. Ao menos não formalmente. Mas existia algo que fazia com que alguns líderes percebessem essa vocação e minha aptidão para construir estratégias e comunicar de forma a conectar e engajar pessoas. E foi assim que, depois de várias tentativas, meu "padrinho" de profissão, um diretor comercial do Itaú, conversou comigo e estabeleceu que eu deveria intensificar minha busca pela oportunidade que eu queria, porque ele não me manteria em uma posição que ao longo do tempo não me traria realização. Era a hora de "empurrar a minha vaquinha", para sair da zona de conforto, como dizíamos na época. Alguns meses se passaram até que a oportunidade finalmente chegou e fez com que eu a abraçasse com todas as minhas forças. Afinal, era meu sonho.

Nesta trajetória, busquei todas as chances que tive para me desenvolver e aperfeiçoar meu conhecimento, e para isso tive mentoras queridas que hoje posso chamar de amigas. Entendi que o conhecimento é nosso bem mais valioso e que me dava muito prazer compartilhá-lo com minha equipe, pares e parceiros.

Após 20 anos atuando como executiva em áreas de comunicação e sustentabilidade em organizações do segmento financeiro e de energia, foi a vontade de continuar desenvolvendo a mim e àqueles com quem atuo que me deu o impulso necessário para empreender. Mais que isso, eu quis colocar em prática uma lógica que vem pautando minha atuação como empresária: compartilhar com mais profissionais e empresas o meu conhecimento e experiências vivenciadas. Por isso, me envolver com a temática ESG foi algo natural. Eu percebi que existia uma grande oportunidade para ajudar as empresas a aprenderem a importância de ter aspectos ambientais, sociais e de governança na agenda estratégica, e que sustentabilidade não deve ser considerada uma plataforma de ações para gerar somente visibilidade para uma marca. Foi nesse contexto que pude desenvolver uma verdadeira mudança de *mindset* em um dos clientes com os quais tive uma grande abertura e disposição para discutir e apresentar os conceitos ESG: a AFFIX, uma administradora de benefícios que está entre os destaques desse mercado.

Era o início da minha jornada como empreendedora quando fui convidada a conversar com a responsável pelo marketing da empresa para uma demanda de construção de propósito. Baseada nas minhas experiências anteriores no universo corporativo, na primeira reunião de *briefing* já pude identificar que havia algo de muito especial nessa empresa. Algo que precisava ser estruturado para então ser evidenciado e percebido. De um lado, uma liderança presente e carismática, que se preocupava genuinamente em fortalecer um relacionamento sólido com todos os seus públicos. Do outro, uma equipe apaixonada que, nas redes sociais, visivelmente dava demonstrações claras do quanto estava engajada na proposta de valor da empresa e da sua admiração pelos seus líderes. Foram alguns meses desenhando um projeto que a cada conversa tomava uma proporção maior. Eram mais *stakeholders* envolvidos como fundamentais e uma preocupação legítima sobre a percepção dos colaboradores. Foi então que, aproximadamente um ano depois, levamos a proposta para a mesa do comitê executivo do projeto, e ela foi aprovada. O desenho previa um projeto de seis meses para toda a imersão, construção de mensagens-chave, pesquisa, diagnóstico, aplicação e plano de ação.

Começamos como um trabalho para identificar e desenvolver atributos reputacionais - o que, se feito de maneira correta, com propósito e metodologia, por si só já um exercício profundo de autoanálise para qualquer organização. A partir daí, evoluímos para um processo valioso de entendimento dos aspectos ambientais, sociais de governança que a AFFIX tinha em seu DNA e que não estavam sendo devidamente comunicados.

Observando agora, vejo que, desde o início do trabalho com a liderança da AFFIX, esse era um cliente com o qual trabalhar os vetores ESG daria um casamento perfeito com a construção da reputação da empresa. Primeiro porque a companhia expressa em sua missão que almeja gerar benefícios reais para os públicos com os quais se relaciona. Em minha visão, isso é o primeiro passo para estabelecer e desenvolver uma agenda ESG: buscar o equilíbrio entre o que traz retorno positivo para a empresa e aquilo que impacta a sociedade como um todo.

Em segundo lugar, como profissional de comunicação, entendo que reputação e ESG estão intimamente ligados. Com um porém: a comunicação poderá gerar valor reputacional apenas se o que for comunicado refletir exatamente o que a empresa é e faz. Hoje, qualquer organização que queira trilhar a jornada de comunicação dos seus atributos e ações voltadas aos pilares ESG não pode sequer pensar que é possível iludir seus públicos. Comunicar aquilo que não existe torna-se impensável – até porque aqui teríamos um contrassenso enorme, que atinge o pilar da governança: mentir fere diretamente a ética no relacionamento com os públicos. Mais do que **parecer**, as organizações entenderam que precisam, de forma genuína, **ser**. Nesse contexto, a AFFIX tinha aquilo que chamamos de um "problema bom" quando estamos trabalhando com reputação. Ela contava, de fato, com iniciativas voltadas aos aspectos ESG, mas não estava ciente do poder que comunicar essas ações tinha para fortalecer sua relação de confiança e admiração com seus públicos.

ESG e reputação: ouvindo a percepção dos públicos da AFFIX

Tendo o foco do seu negócio ligado diretamente a um dos aspectos mais importantes da vida de uma pessoa, a saúde, fortalecer a confiança e o relacionamento com seus públicos é um aspecto fundamental para AFFIX e para o sucesso da sua estratégia de negócios. Esse entendimento da alta liderança foi fundamental para desenvolvermos o reposicionamento da marca.

Estabelecer confiança é o principal objetivo e alicerce de uma comunicação estruturada entre a empresa e seus *stakeholders*. E ela é um dos valores que sempre pauta o meu trabalho com meus clientes. Por isso, desde o primeiro momento, o processo de desenvolvimento dos pilares reputacionais da AFFIX teve como base esse desejo mútuo de criar relações duradoras entre a organização e seus públicos. Assim, desenvolvemos uma estratégia para evidenciar as ações realizadas pela AFFIX, alinhadas com os aspectos ambientais, sociais e de governança não como um fim, para obter ganhos de imagem, mas, sim, como meio para dialogar e engajar os públicos da empresa.

Durante a fase de imersão na cultura e nos negócios da AFFIX e de mapeamento dos públicos e da natureza do seu relacionamento com a companhia, começou a ficar mais claro que estávamos diante de uma oportunidade singular. Além de promover um melhor entendimento das fortalezas e possibilidades de aprimoramento dos atributos reputacionais da organização, vimos que poderíamos envolver a liderança em um processo de compreensão sobre as práticas ESG para as quais a empresa já tinha um olhar, mas não as via necessariamente com total clareza.

Desse modo, acredito que um dos grandes ganhos do projeto de reposicionamento da marca AFFIX foi identificar e qualificar esses esforços. Esse foi um passo decisivo não somente para mostrar que a organização já estava predisposta a investir nessa jornada como também passaria a criar essa percepção em todos os seus públicos.

O primeiro passo nessa construção conjunta foi a definição das dimensões reputacionais para nortear o novo posicionamento. Chegamos, então, a seis dimensões: eficiência, ética, referência técnica, orientada para o futuro, orientada para as pessoas, e valor sustentável. Em conjunto com a alta liderança, entendemos estas como as características que melhor traduziam tanto os traços reputacionais da organização quanto a forma como o ESG estava sendo refletido pelas suas ações.

Após a construção com a liderança, um passo fundamental para entender como os atributos reputacionais eram percebidos foi o processo de escuta dos públicos de relacionamento da organização. Fomos ouvir e conversar com dez diferentes *stakeholders*, por meio de diferentes interações (questionário online, entrevistas em profundidade e *focus group*). Como resultado, conseguimos mapear tanto os *gaps* na reputação da empresa quanto captar expectativas e percepções dos públicos, além de fortalezas da empresa – por exemplo, a ética, que foi a dimensão unanimemente mais bem percebida. O estudo, de aproximadamente 300 páginas, foi apresentado e disponibilizado para a empresa, assim como um *dashboard* digital para que a AFFIX pudesse fazer os cruzamentos necessários e entender percepções de cada um dos grupos de *stakeholders*, utilizando os filtros mais aderentes a cada uma das situações ao longo do período. O produto deste trabalho foi a construção do propósito como elemento norteador e expressão do comprometimento com o diálogo com os públicos da AFFIX. Além disso, elaboramos um plano de comunicação integrado com correlações entre os traços de cultura, dimensões e atributos reputacionais para garantir que as ações previstas no ano apontassem para os aspectos relevantes para a organização.

A terceira etapa foi dialogar com a liderança da AFFIX para estabelecer um entendimento claro e consistente sobre os aspectos ambientais, sociais e de governança da organização que já demonstravam algum nível de maturidade. Para isso, adotamos como metodologia um trabalho em duas frentes: mapear as iniciativas já realizadas nesses três vetores e identificar a sua respectiva correlação com os Objetivos de Desenvolvimento Sustentável (ODS) definidos pela Organização das Nações Unidas. Essa correlação com os ODS foi essencial para tornar mais tangível para os executivos que a empresa já tinha, talvez sem se dar conta totalmente, iniciado seu engajamento com uma agenda ESG. A partir daí e com conversas bastante transparentes com a diretoria, trabalhamos para mostrar o quanto a missão da AFFIX já traduzia um compromisso com a geração de valor para a sociedade.

Materializando o discurso em ações

Tanto nas jornadas de reputação quanto de ESG os públicos têm grande expectativa de que uma organização vá além das intenções e do plano das ideias para efetivamente colocar em prática iniciativas que comprovem seus princípios, gerando valor para a sociedade. Desse modo, era importante que conseguíssemos tangibilizar as dimensões de reputação da AFFIX e seus esforços na direção de uma agenda ESG de modo transparente e consistente. Portanto, o desenvolvimento de um plano de ação de comunicação era estratégico.

Nesse contexto, entendemos que era preciso alinhar aspectos da cultura aos *drivers* de reputação que havíamos estabelecido, para que as atitudes e comportamentos dos colaboradores refletissem a promessa da marca. Na prática esta construção foi feita pelas lideranças e equipes e, como resultado, tivemos a definição dos traços culturais da AFFIX, com os respectivos comportamentos esperados e não desejados para cada um. A apresentação dos resultados do trabalho foi realizada no encontro que reuniu colaboradores de todo o Brasil pela primeira vez de forma presencial, pós-pandemia, em novembro de 2022. Um momento de construção coletiva e cheio de emoção. Com isso, conseguimos despertar nos colaboradores o entendimento da contribuição individual. A partir daí ficou evidente o quanto as equipes da empresa começaram a se sentir mais envolvidas com a estratégia e com cada um dos elementos reputacionais que estavam sendo desenvolvidos.

Uma das principais entregas do projeto e que celebra a consciência de comunicar com transparência foi o desenvolvimento e publicação do primeiro relatório anual e de sustentabilidade da AFFIX. O projeto foi desenvolvido à luz das novas dimensões de reputação e do avanço no entendimento da liderança e dos times acerca da agenda ESG. Por meio do relatório, iniciamos uma nova fase no diálogo da organização com seus públicos.

De forma paralela, continuamos a promover o aprimoramento da alta liderança, por meio de reuniões com os executivos, equipes e parceiros, estabelecendo conversas relevantes sobre como podemos colocar em prática, em cada ação, por menor que possa parecer, as dimensões reputacionais que desenhamos. Foram trocas muito ricas, com constantes descobertas e *insights* valiosos tanto para os profissionais da AFFIX, quanto para mim. O trabalho de desenvolvimento da reputação de uma companhia nunca pode parar.

Se eu tivesse que resumir em alguns tópicos o sucesso desse projeto eu diria que o ponto de partida foi a sensibilidade para fazer a leitura dos executivos e da empresa, seguido do interesse legítimo em entender o ambiente e a cultura da AFFIX. Dessa forma, foi possível construir uma relação sólida de confiança e admiração, fator fundamental para abrir espaço para o aconselhamento dos novos caminhos. E é claro que trajetórias como essa não são sempre lineares, especialmente perante a dificuldade dos executivos de entender o valor estratégico para o negócio no compromisso com a agenda ESG. Em minha opinião, os desafios e as barreiras são um convite para exercitarmos nossas habilidades de materializar nossa experiência e adaptar nossas vivências à realidade de cada empresa. Tudo isso com empatia e generosidade. Assim, a conexão que se cria é valiosa, genuína e se perpetua.

Comecei este texto falando sobre oportunidades. E nada disso seria possível se eu não tivesse diante de mim tantas delas. Oportunidade de experimentar e tentar fazer diferente. De empreender e crescer. De criar e de compartilhar. E por isso quero agradecer a toda liderança e equipes da AFFIX e em especial ao seu CEO, Pedro Rezende, que abraçou esse projeto de revitalização da reputação da empresa de forma tão genuína, comprometida e corajosa. Foi fascinante perceber o engajamento e a transformação de cada um dos participantes e gratificante me sentir parte deste time. Tudo isso só reforça o que entendo como proposta de valor do meu trabalho: entender que cada indivíduo é único, que cada empresa tem sua história, que cada profissional tem suas crenças e que todas e todos precisam ser ouvidos e respeitados sempre. A solução e a estratégia começam a partir daí. Do meu lado, vou continuar perseguindo essas oportunidades com a mesma vontade de quando comecei, há 20 anos.

ESG na primeira pessoa

Quézia Matos

Mãe da Alice e gerente de ESG, Assuntos Corporativos e Relações Governamentais na Softys Brasil. Jornalista, formada pela Universidade Paulista, pós-graduada em Comunicação Integrada pelo Senac e pós-graduanda em ESG pela FIA. Com experiência nas áreas comercial e de recursos humanos, nos últimos tempos vem se dedicando com paixão aos temas de ESG. Entre as suas atividades está a liderança local do Softys Contigo, projeto de investimento social da Softys que busca aproximar o cuidado e a higiene das comunidades mais vulneráveis por meio de soluções de água e saneamento, educação em higiene e atendimento oportuno. Tem como principal parceiro neste projeto a ONG TETO, colaboradores da Softys e os moradores das comunidades. Vive o seu propósito através do ESG.

Minha chamada ao ESG

Falar de ESG, com foco no S, é algo muito natural para mim, pois só na fase adulta, bem adulta, de 2020 para cá, eu reconheci que, de alguma forma, o S sempre me acompanhou, ou eu a ele. Quando eu nasci, na década de 80, o meu pai era um líder religioso e exerceu esse papel muito bem, com muito temor, cuidado e respeito até 2012, ano em que ele faleceu e seu legado ficou!

Dentro desse ambiente familiar, e coletivo, nós respirávamos o S na teoria, quando em seus sermões o meu pai ensinava sobre o respeito às pessoas, sobre o amor ao próximo, sobre o quanto o ministério de Jesus foi inclusivo com temas étnico-raciais, mulheres, PCDs e crianças, sobre justiça e combate às desigualdades, sobre buscar cura com foco na saúde física e mental das pessoas, bem como proteção para se sentirem seguras.

Na prática, eu vivenciei muitas histórias de diversos trechos dos sermões, ora lá em casa, ora na igreja e ora em comunidades. Talvez algumas pessoas poderiam enxergar uma carga muito grande para uma criança, e depois, adolescente, viver experiências tão intensas e reais, porém, através da forma genuína, amorosa e leve que a minha família viveu o S do ESG fortaleceu as nossas bases e hoje valorizamos e agradecemos a cada etapa desta trajetória.

Para transcender a subjetividade, compartilho a história do Pedro (nome fictício para preservar a sua identidade), um morador de rua que eu conheci aos meus 16 anos, residente da calçada do supermercado de onde eu trabalhava, no bairro da Santa Cecília, em São Paulo. Pedro se apresentava como uma pessoa alegre, animada, divertida e era viciado em crack. Sua refeição diária era guaraná e macarrão instantâneo de copo. Eu, com o temperamento colérico-sanguíneo, e sem nenhum esforço, rapidamente desenvolvi uma amizade com Pedro. Ouvi a sua história e, desde aquele dia, a inquietude tomou conta do meu coração: "Como pode uma pessoa que tem família, formação escolar, inteligência para conversar sobre qualquer assunto estar nesta situação?"

Um processo de restauração humana se iniciou. Trazer Pedro para a minha casa naquele sábado, a casa dos meus pais, disponibilizar o banheiro com toalhas limpas e cheirosas, oferecer um simples e delicioso café da manhã preparado carinhosamente pela minha mãe, vê-lo sentado à mesa com a minha família, meu irmão mais velho tocando violão ao vivo na cozinha da nossa humilde casa, enquanto o sol trazia luz ao ambiente, meu pai com palavras acolhedoras e reforçando para Pedro que uma nova história estava sendo escrita, a reserva prévia que fizemos na barbearia para ele cortar o cabelo e tratar a sua longa barba, exterminar os pequenos parasitas sem asas que tomavam conta de sua cabeça para se alimentarem de seu sangue, serviço de manicure e pedicure, entregar roupas e calçados novos... Isso fazia parte do meu despertar ao S do ESG, ainda na minha adolescência.

Em menos de um ano após o nosso primeiro contato, Pedro estava reintegrado à sua família, no estado do Paraná, e à sociedade. O dia do reencontro de Pedro com a sua família foi glorioso e é inesquecível. A comunidade parou para celebrar a vida e comemorar com a família a alegria de rever um filho que achavam estar morto diante dos anos sem contato e informações a seu respeito. A todo momento eu me lembrava da parábola do "filho pródigo". Todos os momentos foram únicos, mas o abraço da mãe, esse supera qualquer cena, mesmo que ela tenha tido queda de pressão e uma rápida perda de sentido por conta de um desmaio de emoção, valeu muito a pena ter se dedicado pelo outro, pelo próximo, por Pedro. O trajeto de São Paulo ao Paraná foi de ônibus de viagem, com partida da Rodoviária Barra Funda. Durante o deslocamento noturno e silêncio dos passageiros era possível ouvir a respiração profunda e aliviada de Pedro. O melhor estava por vir. E veio!

A prática ESG não deve ser esperada somente das empresas, mas das pessoas.

Não existe CNPJ sem CPF, parece clichê, mas é tão verdade... Empresas são formadas por pessoas, e eventualmente nos esquecemos. Muitas vezes esperamos somente das empresas uma prática ESG de impacto, de alto investimento e estampadas em mídias. Em nosso dia a dia podemos e temos o dever de cumprir com atitudes ambientais corretas e sustentáveis, temos a oportunidade a todo instante de cumprir com o S e valorizar a governança.

Como profissional de ESG, sempre que é possível despertar a atenção do público participante da atividade a refletir como ele pode praticar o ESG no seu dia a dia, assim o faço quase como uma missão. Uma prática ESG pode ser uma ação voluntária, algo que você faz sem nada em troca e muito menos por uma remuneração, mas pelo simples fato do significado da palavra empatia, que segundo o dicionário Michaelis é:

- Habilidade de imaginar-se no lugar de outra pessoa.
- Compreensão dos sentimentos, desejos, ideias e ações de outrem.
- Qualquer ato de envolvimento emocional em relação a uma pessoa, a um grupo e a uma cultura.

- Capacidade de interpretar padrões não verbais de comunicação.

O episódio das inundações terríveis, seguidas de mortes e milhares de pessoas desabrigadas no estado do Rio Grande do Sul, em maio deste ano, 2024, mostrou a força do ESG pessoal, além do corporativo. Foi incrível e grande a empatia e mobilização das pessoas e comunidades em favor do mesmo objetivo, amenizar as dores e perdas dos nossos irmãos gaúchos. Essa situação deixou evidente como temos a oportunidade de fazer a diferença e deixar um legado para a sociedade no papel de pessoa física.

Entre os benefícios de quem pratica o trabalho social por vontade própria, sem remuneração, o voluntariado, os estudos apontam a sensação de bem-estar, a melhora da saúde física e mental, desenvolvimento de habilidades interpessoais, colaboração com o impacto social positivo no mundo, aquisição de novas experiências, ampliação do repertório cultural, maior desenvoltura para lidar com situações adversas e, para interromper a lista, porque há muito mais benefícios a serem adicionados, está a transformação pessoal. Com tantos ganhos, todos deveríamos exercer esse papel, ou pelo menos esta leitura provocar em nós uma reflexão para um planejamento de início da atividade, ou fortalecimento da prática e sermos embaixadores dessa pauta que impacta a vida do outro. E muito mais a nossa.

Felizmente o número de voluntários no Brasil cresceu nos últimos dez anos, porém, ainda há muito a ser feito, é o que mostra a Pesquisa Voluntariado no Brasil 2021, conduzida pelo Instituto Datafolha. Em 2011 os brasileiros que exerceram alguma atividade voluntária foram 25% contra 56% em 2021. A quantidade média de horas dedicadas por mês/voluntário saltou de 5 para 18 horas, no mesmo período comparado. O perfil de gênero manteve o equilíbrio: 2011 foi de 47% masculino e 53% feminino e em 2021 de 48% masculino e 51% feminino. A faixa etária mais engajada com a causa voluntária é a de 30 a 49 anos, com 40%, seguida da

50+ com 37% e 23% entre 16 e 29 anos. Outro dado apresentado na pesquisa é a renda média dos voluntários em 2021: até dois salários mínimos, 39% e mais de dez salários mínimos, 6%. Solidariedade, que pode ser descrita como "sentimento de amor ou compaixão pelos necessitados ou injustiçados, que impele o indivíduo a prestar-lhes ajuda moral ou material" é a palavra que descreveu a motivação dos que praticaram ação social sem remuneração em 2021, com 74%, seguida de motivações religiosas, com 11%.

Como e quando eu caí de vez no ESG

Foi na Softys, uma empresa especializada na produção e comercialização de produtos de higiene e cuidados pessoais, que eu oficializei a minha relação com o ESG. Há quase duas décadas fazendo parte da cia, eu passei pelas áreas Comercial e de Recursos Humanos, exercendo diversos papéis, sendo a última atuação, antes do ESG, como Business Partner de P&O – Pessoas & Organização, em uma unidade relevante do negócio no Brasil, no município de Caieiras, em São Paulo. Enquanto isso, no meu dia a dia, o *Environmental, Social and Governance* parecia estar cada vez mais alinhado ao meu propósito e muito pertinho de mim, querendo me abraçar de vez. E que abraço gostoso!

Em 2020 a Softys, empresa chilena do grupo CMPC, lançou o Softys Water Challenge, uma iniciativa para encontrar uma solução para o problema da água: "Uma gota pode mudar tudo, uma solução também". Depois de ter recebido mais de 500 inscrições, em que 85 projetos de 31 países cumpriram em 100% as bases do concurso, e que 20 projetos semifinalistas foram acelerados juntamente ao Centro de Inovação UC, chegou a hora de conhecer os três finalistas que tiveram as suas iniciativas implementadas em três países da América Latina onde a Softys tem operação. Isla Urbana, projeto dedicado a contribuir para a sustentabilidade hídrica no México, através da captação de água da chuva, foi a vencedora do concurso, seguida de soluções do Chile e de Israel que ficaram em 2º e 3º lugar, respectivamente.

O projeto da mexicana Isla Urbana, que instala sistemas de captação de água da chuva nos telhados das casas, levando água potável para localidades vulneráveis, foi escolhido para ser implementado no Brasil, mas quem iria ficar responsável pelo projeto localmente? Um certo dia eu estava cumprindo com as minhas atividades em Recursos Humanos, quando o meu telefone toca, era o diretor geral da empresa no Brasil, me convidando para liderar o projeto no país. Que grata surpresa e alegria! De imediato eu disse sim, era um projeto encantador!

A missão começou com a busca da região a ser beneficiada com a solução de água e encontramos Calcárea, uma comunidade localizada em Caieiras, São Paulo. Através do coordenador e professor do curso de Administração da Universidade de Caieiras, na época, nos conectamos com a referência comunitária para apresentar o projeto e partir para a execução, pois o meu desejo era ver os 15 sistemas de captação de água da chuva instalados o mais rápido possível depois que eu conheci e comecei a frequentar a comunidade para entender a realidade de mulheres que acordavam de madrugada para bombear água para as suas casas, devido a suas moradias estarem localizadas na parte mais alta do morro e a água não chegar com facilidade. Sim, essas mulheres eram mães, profissionais, donas de casa e, após um dia de jornada exaustiva, exercendo inúmeros papéis, ainda tinham que se preocupar com água em seu lar e ir à busca para seguir com as tarefas domésticas.

Através do poder das parcerias entre Softys + Isla Urbana + TETO + Comunidade, entregamos um resultado de sucesso tendo como principal reconhecimento a satisfação, o sorriso estampado no rosto e a gratidão das famílias que passaram a contar com a facilidade de ter a água por perto, proporcionando dignidade, segundo Maciel, líder comunitário. Mais de 50 moradores foram impactados diretamente e mais de 200 indiretamente.

Caminhando para o final do meu capítulo...

Para uma empresa de consumo como a Softys, o cuidado é justamente a palavra que conduz seu propósito à ação: desenvolver marcas que proporcionem o melhor cuidado que as pessoas necessitam no seu dia a dia, e em todas as fases de suas vidas. E esse cuidado não se expressa apenas em marcas ou produtos, mas também se estende ao meio ambiente e às comunidades em toda a América Latina, onde a Softys realiza suas operações comerciais e industriais. Aproximar esse cuidado e higiene das pessoas e famílias torna-se mais uma dimensão do seu propósito, uma dimensão social e coletiva e, por sua vez, a melhor forma de contribuir para o desenvolvimento das comunidades.

Um dia esse propósito da cia. deu de cara com o meu propósito e, quando eu menos esperei, estava integralmente envolvida com a área de ESG, de corpo e alma! O casamento foi perfeito e tem me inspirado a cada dia a oferecer o meu melhor, a buscar mais sobre o tema, a estar sempre mergulhada na jornada, nesse caminho sem volta de gerar impacto e transformação social através de uma paixão pessoal. Mas não parou por aí...

Em 2022 nasceu o Softys Contigo, um projeto de investimento social da Softys que busca aproximar o cuidado e a higiene das comunidades mais vulneráveis por meio de soluções de água e saneamento, educação em higiene e atendimento oportuno. Um projeto que nos faz entender que para cuidar é preciso se envolver e, principalmente, unir esforços e vontades, gerando ações concretas que ajudem a transformar a trajetória de vida de milhares de pessoas. Fazer parte, assumir, transformar, transcender, contribuir com a nossa gota d'água para o desenvolvimento das comunidades a partir do que nos mobiliza: o cuidado.

Softys Contigo, uma iniciativa linda e em que eu acredito muito. Possui três frentes de atuação:

1) Água e saneamento

Mais de 2 bilhões de pessoas em todo o mundo vivem em países com situação de estresse hídrico e 2,4 bilhões de pessoas sem saneamento adequado. No Brasil, mais de 33 milhões dos brasileiros não têm o acesso a água tratada e mais de 93 milhões de brasileiros (44%) não têm acesso à coleta de esgoto, segundo dados do Instituto Trata Brasil.

Para nos mobilizarmos diante dessa situação, a Softys buscou um aliado e encontrou a TETO, uma ONG com 25 anos de história e presença em 17 países, dedicada a fornecer soluções de habitação de emergência.

A nossa parceria com a TETO tem duas particularidades: na Softys, construímos banheiros e soluções sanitárias, não casas, e não se trata de uma doação à TETO, mas somos nós mesmos, colaboradores Softys, que construímos essas soluções com as nossas próprias mãos e em conjunto com voluntários da TETO e moradores das comunidades. Com uma aliança de cinco anos e investimento de 6 milhões de dólares, planejamos construir 2.000 soluções sanitárias, beneficiando mais de 14.000 pessoas diretamente. Até agora mais de 400 soluções já foram implementadas.

2) Educação em higiene

Sempre que instalamos soluções sanitárias nos lugares mais vulneráveis, também oferecemos capacitação às pessoas em saúde e higiene menstrual, lavagem das mãos e cuidados em geral. Segundo a Organização Mundial da Saúde (OMS), quase 2 milhões de crianças menores de cinco anos morrem por ano devido a ambientes considerados insalubres e, entre os riscos, está a higiene inadequada.

3) Ajuda oportuna

Entendemos que devemos estar presentes para apoiar as comunidades nos momentos mais difíceis e necessários, como situações de catástrofes, enchentes, furacões e terremotos. No Brasil contribuímos, através de doações de produtos, com diversas regiões que foram fortemente castigadas por questões climáticas como o Rio Grande do Sul, Angra dos Reis (RJ), Franco da Rocha (SP), Litoral Norte de São Paulo e outras regiões.

Para concluir: através do ESG estou vivendo o meu propósito e ajudando outras pessoas a encontrarem (ou buscarem) o seu propósito. O propósito é a razão do existir. "Pessoas mais engajadas socialmente e que encontram um propósito na vida demonstram maior felicidade", diz a neurocientista Elisa Kozasa, do Instituto de Ensino e Pesquisa da Sociedade Beneficente Israelita Albert Einstein, de São Paulo.

Por que você existe?

Implementando ESG no mercado financeiro: transformando desafios em oportunidades

Rafaella Cruz Fernandes de Bulhões Dortas

Diretora Executiva e Head de ESG no BTG Pactual, onde ingressou em 2015 com o objetivo de implementar a estratégia, estrutura, procedimentos e processos da área de ESG. Antes de integrar a equipe do Banco, atuou em escritórios de advocacia na área de Direito Ambiental (BMA Advogados, por exemplo). É graduada em Direito pela Escola de Direito de São Paulo da Fundação Getulio Vargas (FGV) e possui MBA em Gestão Ambiental e Tecnologia pela POLI, da Universidade de São Paulo. Além disso, representa o BTG Pactual nos comitês ESG da Febraban e nos grupos internacionais dos Princípios do Equador e PRI.

Inicio o capítulo agradecendo à Editora Leader, especialmente à Andréia Roma e Juliana Oliveira Nascimento, além da Larissa Mocelin, pela oportunidade de contar esta história. Sou grata, também, à minha família (sobretudo aos meus pais e meu companheiro) e aos inúmeros colegas (particularmente aos do Banco BTG Pactual) que contribuíram, de forma direta e indireta, com sua construção, bem como por todos os "nãos" que recebi neste caminho. É um privilégio poder relatar como estamos tratando o tema ESG no maior Banco de Investimentos da América Latina.

A história, tecnicamente, começa em 2015, mas, antes mesmo de entrar na faculdade, eu já tinha vontade de trabalhar em algo que mudasse a minha realidade e a realidade ao meu entorno. Percebia que pessoas da minha família tinham sido capazes de mudar o rumo das suas histórias com o seu trabalho e, desde cedo, compreendi o poder que uma ocupação profissional pode exercer interna e externamente.

Já nos primeiros anos da faculdade, sentia o desejo de me envolver com o meio ambiente. Por entender que era o único caminho possível no setor privado para trabalhar nessa área, iniciei minha trajetória profissional como advogada ambiental.

Com alguns anos de formada, acreditei que trabalhar com o tema – na época, já se falava em ESG no Banco – poderia ter alguma relação com minha atuação no escritório de advocacia.

Mas, logo nas primeiras semanas, percebi que havia me envolvido em uma questão muito mais complexa do que apenas analisar empresas e projetos socioambientais do ponto de vista de risco legal, elaborar cláusulas contratuais, auxiliar em defesas ou na estratégia de processos ambientais.

Na verdade, a história começou, realmente, em 2015, quando ingressei no BTG Pactual para implantar a área de ESG. À época, não tinha ideia do tamanho do desafio que iria enfrentar, mas entendia que, naquela posição, seria capaz, de alguma forma, de influenciar clientes e parceiros para que seguissem um caminho que acreditava ser o mais sustentável.

Nas próximas páginas, explicarei como trabalhamos com ESG no Banco e o que fez com que fôssemos reconhecidos como uma liderança na agenda.

Por que ESG?

Antes de tudo, gostaria de explicar por que entendo que ESG pode afetar os resultados financeiros e a reputação de qualquer empresa. Esse processo e envolvimento com os aspectos socioambientais pode torná-la:

- Mais atrativa para o mercado e com acesso a capital mais competitivo, pois vemos, de forma crescente, que investidores têm buscado empresas com práticas ESG sólidas. Desde 2020, muitos *players* institucionais têm concedido empréstimos a taxas mais atraentes ao BTG Pactual por suas políticas e práticas no gerenciamento dos riscos sociais, ambientais e climáticos, bem como pelo fato de possuir operações na sua carteira de crédito consideradas sustentáveis, como financiamento a pequenas e médias empresas detidas por mulheres e/ou sediadas no Norte e Nordeste, a painéis solares, geradores de energias renováveis (solar e eólica) e a linhas de transmissão.

Considerando a data-base dezembro de 2023, temos R$ 6,4 bilhões em operações nesses moldes.

- Mais atenta a fatores que podem prejudicar os seus negócios. Empresas que integram questões ambientais, sociais e climáticas à tomada de decisão são capazes de antecipar e precificar riscos não antes percebidos. No BTG Pactual, essas questões são reconhecidas na nossa matriz de tomada de decisão. Nos últimos anos, fomos capazes de antecipar problemas socioambientais relativos a uma operação que incluiríamos em um Fundo, a um imóvel que tomaríamos em garantia e à contraparte que gostaríamos de seguir num relacionamento bancário. Esses problemas, se percebidos antes e bem compreendidos, também podem ser entendidos como uma oportunidade de negócio.

- Mais atenta às tendências regulatórias. Desde 2021, percebemos o interesse dos investidores institucionais estrangeiros em práticas de educação financeira e, a partir de então, passamos a provocar essas discussões com o nosso time de Responsabilidade Social. Depois disso, foram criados programas nesse sentido – em 2022, foram 49 iniciativas desenvolvidas. No final de 2023, o Banco Central decidiu exigir das instituições uma política sobre o tema, além de adotar medidas para seus clientes e *stakeholders*.

- Mais eficiente, visto que mudanças de eficiência energética, gerenciamento de resíduos e redução no consumo de água diminuem os custos operacionais de uma empresa.

- Mais engajada com seus colaboradores. Cada vez mais, os funcionários, sejam novos ou antigos, têm vontade de entender como a empresa se relaciona com o tema. No BTG Pactual, não seria diferente. Nos últimos anos, temos feito trabalhos intensos com os times de recrutamento e BP de Recursos Humanos para que sejam capazes de contar o que estamos realizando na agenda. Além disso, nosso time participa do *onboarding* com novos funcionários.

Os princípios do ESG

Voltando ao ponto de como lidamos com o tema ESG no Banco, compartilho os eixos centrais da nossa atuação.

No início, fizemos um esforço de mapear quais iniciativas o Banco já vinha desenvolvendo na área e não eram qualificadas como ESG. Muitas vezes, ESG é uma nova lente de como a empresa lida com as suas atividades e desafios.

Antes de 2015, o BTG Pactual já era o maior gestor de ativos florestais da América Latina e tinha uma série de Fundos que compravam e geriam florestas plantadas e nativas (reserva legal, área de preservação permanente e unidades de conservação). Grande parte dessas áreas já possuía a certificação do FSC (Forest Stewarship Council) para manejo florestal, o que, na prática, significa que periodicamente auditores verificam se as áreas realizam manejo sustentável dos recursos e conservação de biodiversidade (proteção dos *habitats* críticos e promoção de regeneração natural da vegetação) e se as empresas respeitam o direito dos trabalhadores e das comunidades locais.

Além disso, identificamos quais áreas necessitavam mais da nossa ajuda, seja pelo tipo de produto que desenvolviam, seja pelo tipo de investidor que abrigavam. Já em 2015, havia muitos Fundos que tinham como investidores Fundos de Pensão ou investidores institucionais que exigiam que fatores ESG fossem considerados na tomada de decisão ou que alguma pessoa com experiência no tema participasse do comitê de investimentos do Fundo.

Outro exemplo está ligado ao nosso time de crédito, que, desde 2014, percebeu uma necessidade regulatória do Banco Central ao exigir que fatores socioambientais fossem considerados na tomada de decisão. Nesse caso, também conseguíamos deixar claro como uma contaminação em um imóvel poderia afetar, de forma significativa, o valor de determinada garantia, ou uma relação ruim com a comunidade poderia paralisar um projeto que estávamos financiando.

Um fator decisivo para o sucesso das etapas anteriores foi propor uma forma de comunicação igual à do setor financeiro em que estávamos atuando: criar uma métrica de como o ESG pode ser considerado um risco de crédito, operacional, legal e até mesmo reputacional.

No começo, fizemos um esforço enorme de transformar uma questão, muitas vezes completamente nova para o mercado financeiro, em um valor (mil reais, cem mil reais, um milhão de reais), um tipo de risco (alto, médio ou baixo) e uma possibilidade de perda (remota ou provável). O que fazíamos era tentar emplacar o mesmo racional que outras áreas de governança já utilizavam ou usar nossa experiência pretérita.

Com advogados, eu desenvolvia matrizes de risco de tomada de decisão para operações de aquisição entre empresas. Tínhamos que explicar a irregularidade identificada na empresa e a multa ou penalidade jurídica aplicável nesse caso (exemplo: obrigação de reparação de danos ambientais que não tinham um valor limite ou mínimo). Outra atividade recorrente era auxiliar companhias participantes do mercado de capitais na elaboração do Formulário de Referência, do qual um dos itens obrigatórios é explicitar em um determinado processo judicial quais são os valores envolvidos, em que estágio o processo está, além da chance de perda.

Além de criar uma métrica numérica, utilizamos outra técnica: realizar comparações, o famoso *benchmarking*, quando estávamos avaliando um fator crucial para a empresa ou até mesmo propondo uma melhoria no processo do Banco para que pudéssemos alcançar alguma exigência do investidor.

Por exemplo, investidor X pede que comecemos a reportar uma métrica no relatório anual, e isso é o que o banco A, banco B e banco C fazem. É comum ouvir essa frase de mim ou de alguém do meu time: "Vamos ficar para trás e não fazer a mesma coisa que eles?". Então, na avaliação das empresas, mostramos se os seus principais competidores têm, por exemplo, metas de descarbonização, qual a sua abrangência e horizonte de tempo.

Outro fator decisivo foi sempre buscar pela consideração mais objetiva, curta e completa e manifestar, de todas as formas possíveis, um alinhamento com os interesses das demais áreas do Banco. Ao tratar de um tema com as áreas de negócio, temos que mostrar que estamos alinhados aos interesses delas – atrair mais capital para o Banco e até conseguir outras fontes de receita.

Algo que auxiliou muito na disseminação do ESG nas diversas áreas do BTG Pactual foi a criação de um contexto. Por exemplo, ao mostrar para um comitê a análise de um determinado caso que teria um fator relevante de ESG, ressaltávamos de que forma ele afetava a economia ou trazíamos dados desse fator ESG na realidade do Brasil, da América Latina ou do mundo.

Por exemplo, ao discutir Fundos com fatores ESG ou até mesmo Fundos Sustentáveis, temos trazido estudos que a equipe realizou com casos em que os fundos têm sido acusados de exageros na divulgação de informação/esforço de venda e quais seriam as lições aprendidas que poderíamos absorver.

A tal da comunicação

Para fazer com que fôssemos capazes de estabelecer o sucesso do ESG no BTG Pactual, além de seguir os princípios descritos acima, precisei aprender dois fatores importantes atrelados à comunicação.

No final do dia, empresas são feitas de pessoas, e precisamos ser capazes de saber nos comunicar de forma diferente com pessoas de áreas diferentes e de *backgrounds* diversos. A mesma ação ou programa deve ser proposta distintamente para o time de gerenciamento de riscos, para o de recursos humanos ou até mesmo para o de negócios. Devemos ser capazes de entender a necessidade do receptor da mensagem e mostrar como essa necessidade se conecta com o projeto que estamos propondo.

Além de saber o que comunicar, é preciso entender como comunicar – dependendo da área ou do nível hierárquico, o receptor da mensagem espera que seja feita uma reunião presencial, desenvolvida uma apresentação ou ainda que o *pitch* seja feito por e-mail, ligação, mensagem de texto ou, mesmo, mensagem de voz.

Por último, outro fator decisivo para uma comunicação eficiente foi entender quando propor uma ideia nova ou sugerir uma melhoria no processo de determinada área. Não apenas agendar a reunião para o início do dia ou início da semana, mas saber os momentos em que os times estão mais propensos a ouvir as melhorias ou novas ideias, como nas etapas de planejamento das empresas.

Opinião a partir de evidências

Além de montar a área, um dos grandes problemas que enfrentei foi mostrar como deveríamos seguir uma direção diferente daquela em que estávamos pensando.

Essa questão nasceu de avaliações de operações – em diversas frentes de negócios – com contrapartes que pareciam boas do ponto de vista de risco de crédito e de reputação, mas que mereciam um mitigante mais forte do ponto de vista de ESG.

Os exemplos são inúmeros, porém a experiência que gostaria de compartilhar aqui é que, com evidências objetivas da nossa visão, a partir de estudos de outras empresas ou avaliação das "tendências de mercado", fomos capazes de mostrar para as demais áreas do Banco – fossem aquelas de risco ou de negócios – que o tema era relevante e precisava ser entendido como tal. Naturalmente, mostrar as evidências objetivas foi um exercício que precisou ser repetido muitas vezes, com públicos diferentes, para ser entendido como fundamental.

Quando falamos de evidências objetivas, tivemos que fazer, em um dos casos, o levantamento da política climática de bancos ao redor do mundo, assim como de empresas do setor e de nossos principais investidores para mostrar de que forma o mercado enxergaria o Banco se fizéssemos uma determinada operação como inicialmente desenhada.

Além do convencimento interno, precisamos mostrar ao nosso cliente quais riscos ele estava enfrentando ao seguir com o que havia sido proposto inicialmente. Foram necessárias muitas conversas sustentadas com dados e embasamento técnico.

Desafio diário

Em 2020, houve um *boom* do tema ESG e as empresas daquela época que permanecem no holofote hoje são aquelas com práticas sólidas. Atualmente, tem sido dada uma conotação política ao tema, principalmente fora do Brasil, o que vem fazendo com que algumas iniciativas estejam perdendo sua força.

O desafio que tive ao longo dos anos e com o qual continuo lidando é de como mostrar a relevância e a praticidade de um tema extremamente técnico, sem me colocar em um debate político ou com conotação pessoal.

Esse obstáculo é superado tanto por meio da formação de um time técnico capaz de traduzir o linguajar da biologia, das mudanças climáticas, da antropologia, dos *frameworks* dos padrões voluntários e do Direito para o mundo dos negócios, como pela vontade diária e incansável de mostrar que o tema pode ser um diferencial no mercado e para as nossas partes interessadas.

Além do time técnico, temos feito um trabalho constante de transmitir como ESG pode agregar valor ao dia a dia para todos os públicos do Banco – os analistas, que têm cada vez mais desejo de entender como a empresa em que trabalha auxilia na construção de um futuro mais sustentável; os do setor comercial, que anseiam por produtos diferentes para seus clientes; os comitês, que prezam por segurança nas suas operações e um gerenciamento de riscos adequado do tema; e a liderança, que almeja que ESG mude cada vez mais a rotina do Banco e que as novas tendências que envolvem a questão, sejam elas obrigatórias ou voluntárias, não criem burocracias desnecessárias à instituição.

Ao encerrar este capítulo, é com gratidão e determinação que reconheço o percurso que trilhamos na implementação e consolidação da abordagem ESG no BTG Pactual.

Comecei essa jornada com uma visão que transcendeu a mera busca por uma carreira profissional, mergulhei no campo do meio ambiente e, posteriormente, no desafio de integrar as dimensões ambientais, sociais e de governança na atividade bancária. Ao acolher a proposta de implementação da área de ESG em 2015, o Banco abraçou não apenas uma prática, mas uma filosofia que transformaria nossa abordagem empresarial.

Hoje, adaptamos nossa comunicação a cada setor e público, aprendemos a traduzir a complexidade técnica em mensagens acessíveis e persuasivas, e cultivamos uma visão prática, reforçando o valor das iniciativas sustentáveis e seu potencial transformador no mercado financeiro e além dele.

Hoje, orgulhosamente testemunhamos o reconhecimento do BTG Pactual como líder na agenda ESG, assim como a integração desses princípios em cada aspecto de nossa operação. É um privilégio compartilhar essa jornada com uma equipe tão dedicada e globalmente dispersa, e com nossos clientes e investidores comprometidos com um futuro sustentável.

Uma jornada para TRANSFORMAR

Thays Rosini

Bióloga, com especialização em gestão ambiental e MBA em gestão de negócios e marketing. Com mais de 17 anos de atuação em setores como consultorias, construção civil, varejo alimentar, indústria de alimentos e varejo de moda, tendo liderado equipes de alto desempenho com projetos diversos de ESG. Experiência consolidada principalmente nas áreas de gestão ambiental, gestão de resíduos, logística reversa, economia circular, licenciamentos ambientais, ISO 14001, gestão de áreas contaminadas, mudanças climáticas e comunicação para sustentabilidade. Atualmente, é gerente de ESG em uma grande rede varejista têxtil.

"É necessário se espantar, se indignar e se contagiar, só assim é possível mudar a realidade." Nise da Silveira

O começo de tudo

Ah, os anos 90! Internet discada, *discman*, orelhões e lá estava eu, uma adolescente curiosa, inquieta, que tinha uma grande paixão pelas tartarugas marinhas. Na escola, eu era uma aluna que adorava as aulas de ciências, era a primeira a pedir para analisar os animais, a primeira a chegar ao laboratório de ciências e aquela que enchia os professores de Biologia com perguntas. A curiosidade corria solta em mim, sempre querendo desvendar como tudo funcionava, desde os moluscos e fungos até as árvores e o próprio Universo. E foi assim, movida pela curiosidade e inquietude, que escolhi minha profissão: a Biologia!

Quando decidi estudar Biologia, recebia muitas perguntas curiosas, mas uma delas sempre aparecia: "Então, você vai acabar sendo professora de ciências?" Sempre respondia, mesmo com tantas incertezas e com esperança: "Bom, talvez um dia eu possa ensinar, mas na Biologia as possibilidades são grandes e eu pretendo descobrir muitos outros horizontes."

Há um tempo, quando sustentabilidade ou ESG (como o mercado financeiro se refere) mal encontrava espaço nas conversas, quem era biólogo(a) era rotulado(a) de "abraçador(a) de árvores" e o mercado de trabalho para essa profissão era, e ainda é, um verdadeiro labirinto no Brasil. Porém, movida por curiosidade e pela busca por desafios, durante meus anos universitários, logo após a virada do milênio, após realizar o meu sonho de trabalhar com tartarugas marinhas, me interessei por uma área em plena ascensão. Explorei, o que ainda era emergente na época, a área da gestão ambiental empresarial, que naquele tempo era o tema precursor do que viríamos a chamar de E (Environmental – Meio Ambiente) do ESG e da sustentabilidade. Ali, encontrei um novo propósito e uma oportunidade de aliar a minha paixão pela natureza à demanda crescente por práticas sustentáveis e de responsabilidade ambiental nas organizações.

Foram muitas portas fechadas logo que me formei, mas as coisas foram mudando aos poucos e algumas outras portas começaram a se abrir para aquela recém-formada. Sempre apegada a minha raiz curiosa, eis que eu finalmente comecei a usá-la para entender como as empresas funcionavam e como seria possível em um mundo tão acelerado de superprodução, preservar o meio ambiente e mudar, transformar os processos produtivos existentes e já tão enraizados.

É preciso motivação e inquietação

Sempre fui motivada pelo pensamento de que precisávamos rever as formas de produção e reduzir o nosso impacto no planeta, que já vinha em um processo de degradação desde muito antes de eu nascer. Assim tem sido, ao longo de muitos anos a minha jornada profissional e pessoal, pautada por uma sempre companheira inquietação e ao mesmo tempo e, por que não, indignação.

Ao longo da minha trajetória, tive a oportunidade de passar por diferentes tipos de negócios, mas tudo começou quando no início eu atuava como consultora ambiental de ISO 14001 e tive indícios de que minha carreira não seria linear, pelo desejo de atuar em diferentes tipos de negócios e entender como eu poderia ajudar cada um deles a ser menos impactante para o mundo.

Após ter explorado o mundo das consultorias, meu desejo era mergulhar em uma indústria, acompanhando o crescimento sustentável de um negócio na prática, sem que fosse por meio de projetos pontuais. Assim, trilhei meu caminho por diversos setores, desde varejo alimentar, construção civil, indústria de alimentos e varejo têxtil de moda.

Dentro do contexto do ESG/Sustentabilidade minha paixão sempre foi a área ambiental, justamente por estar relacionada à minimização de impactos e à conservação de recursos. Envolvi-me com a gestão de resíduos, com a logística reversa, a economia circular, licenciamentos ambientais, projetos de inovação na área e acabei atuando com alguns projetos sociais e de comunicação.

Na área ambiental, sempre me fascinou a temática dos resíduos sólidos, que foi para mim um desafio enorme. Eu me questionava sobre a quantidade de resíduos que produzimos e isso se tornou uma responsabilidade pessoal, que carreguei ao longo das empresas em que atuei. Tive o privilégio de testemunhar e, em alguns casos, até mesmo participar ativamente da concepção e implementação de acordos setoriais de resíduos sólidos, acompanhando de perto a evolução da legislação sobre esse tema no Brasil. Tive a oportunidade de mergulhar em cada negócio, repensar continuamente os modelos de gestão ambiental e de gerenciamento de resíduos sólidos, além de desenvolver processos e melhorias na logística reversa. Encontrar soluções para lidar com o imenso volume de resíduos gerados e conseguir incorporar o conceito de circularidade nas empresas em que atuei foi o que mais me motivou a seguir na carreira.

Desafios propostos, desafios superados

Uma de minhas maiores realizações ao longo dessa jornada foi fazer com que cada empresa de que fiz parte fosse mais circular, minimizando o desperdício de recursos, com maior aproveitamento de materiais. Implementar projetos de logística reversa de resíduos, atuar com cooperativas de reciclagem, dar nova vida para resíduos gerados, me ajudou a enfrentar os desafios do mercado em constante mudança, além de trazer resultados sólidos para a imagem das empresas junto aos *stakeholders* e com retornos financeiros para todos os elos da cadeia.

Ao longo dos anos, enfrentei desafios transformadores buscando soluções inovadoras para questões urgentes. Alguns resultados que alcancei em minha jornada profissional compreendem soluções para reduzir grandes volumes de plásticos gerados, aprimorar a coleta de resíduos recicláveis, contribuir para melhorar a vida dos(as) profissionais que atuam na coleta de recicláveis em cooperativas, seja por repensar uma forma justa de remuneração, seja pelo estímulo do aumento da coleta de recicláveis, contribuir com times de inovação a repensar o *design* de garrafas plásticas para que pudessem ser recicladas no seu final de vida e para que utilizassem menos recursos naturais em sua produção, gerar valor para toda a cadeia, incluindo acionistas e ainda comunicar tudo isso de forma transparente e atrativa. Além disso, atuar junto a *ONGs* (Organizações Não Governamentais) e discutir com os órgãos públicos a Política Nacional de Resíduos Sólidos fortaleceu meu compromisso com a busca por impacto positivo e mudanças significativas por onde passei.

Você já imaginou um condomínio de alto padrão ser projetado em uma área onde no passado havia sido um lixão clandestino? E ainda, já imaginou descobrir isso somente durante a execução da obra? Pois é, este foi o meu primeiro grande desafio com resíduos sólidos da carreira. Na época, por ser da área ambiental da empresa, fui logo acionada para mais este desafio. Este projeto durou cinco anos e teve altos e baixos, dentre eles, destaco: gerenciamento de crises e imagem da empresa, longas audiências públicas, estudos e estratégias para definição de como remover os resíduos, analisar a área, isolar parte do resíduo que continuaria no local por ser inviável remover. Foi um trabalho complexo, desafiador e longo, mas resultou em um projeto sem precedentes no Brasil, inovador, que mitigou um enorme dano ambiental causado no passado, restaurou e regenerou a área, trouxe vida novamente ao local e esperança não somente aos novos moradores do empreendimento, mas para toda a comunidade do entorno.

É importante destacar que quem atua ou quer atuar com a área ambiental e sustentabilidade vai precisar se envolver em diversas frentes de trabalho, desde comunicação, jurídico, marketing, consultorias diversas, dentre outros. Os/as profissionais desta área geralmente são multifacetados e precisam ser bons/as articuladores/as.

Chegar no maior varejista do país e receber a responsabilidade de revisar e aprimorar projetos antigos, com foco em meio ambiente e impacto social, nem me passava pela cabeça. Mas foi com esse desafio que passei alguns anos atuando com estações de reciclagem dentro de um supermercado, aprimorando a coleta dos resíduos recicláveis trazidos pelos(as) clientes nas lojas, melhorando a remuneração dos/as trabalhadores/as das cooperativas de reciclagem, promovendo a circularidade dos materiais recebidos. Foi assim que mais uma vez eu me deparava com a economia circular e a gestão de resíduos sólidos. O varejo alimentar é um mundo bastante diverso de temas e lá eu ainda representava a empresa em fóruns setoriais diversos, desde discussões sobre sacolas plásticas, até acordos setoriais de resíduos. Mas eu também era responsável por buscar parcerias com indústrias para projetos e desenvolver políticas, pela agenda climática e reportes. Foi no varejo que aprendi que não se faz ESG sozinha, que atuar com políticas públicas, buscar parceiros de negócios é essencial para a nossa jornada.

Você acredita que uma empresa que vende água em garrafas plásticas pode ser mais sustentável? Sim, é possível. E esse foi o desafio que recebi ao atuar em uma grande empresa de alimentos e bebidas. Uma garrafa plástica feita de outras garrafas plásticas recicladas e um compromisso de reciclar todo o volume de plástico produzido pela empresa, além de promover o consumo consciente dos(as) clientes e aprimorar os projetos com cooperativas de reciclagem.

E será possível usarmos roupas mais sustentáveis? Com certeza, repensar a moda, fazer roupas com atributos de circularidade e que possam ser recicladas, com matéria-prima e processos regenerativos, menos impactantes e de baixo carbono está dentre meus desafios atuais.

Tudo isso faz parte da jornada de ESG/Sustentabilidade de quem atua com este tema, de caminhos tão distintos e projetos tão diversos.

Algumas dicas importantes

A palavra que define a minha jornada até aqui é transformação, que é o meu propósito de vida e é neste contexto que eu ancoro minha carreira. Em todos os meus desafios tive a oportunidade de repensar processos e transformar o jeito de fazer.

Como a edição de capa deste livro diz, "O Poder de Uma Mentoria", minha missão aqui é impulsionar o crescimento de quem passar por este capítulo e por isso, por meio de experiências que obtive ao longo da trajetória, elenco a seguir o que julgo ser crucial em toda carreira ESG, em qualquer tipo de negócio:

- Seja o/a responsável por plantar as sementes de ideias e provocações para os demais setores da empresa. Sustentabilidade não se restringe a um departamento, precisa estar em todos os processos e áreas da empresa:
- Inove sempre, pois sem inovação não se faz sustentabilidade e vice-versa;
- Tenha bons parceiros de negócios, pois muitas vezes as expertises necessárias para criar um bom projeto não são encontradas dentro das organizações;

- Defenda suas ideias, mostre os ganhos financeiros, ganhos de imagem, ou seja, traga à tona os ganhos tangíveis e intangíveis, pois a alta liderança da empresa precisa estar junto com você;

- Invista em conscientização e engajamento, pois a comunicação é tudo, seja para dentro ou para fora da organização, os(as) consumidores(as), os(as) clientes, os(as) colaboradores(as) precisam ser reeducados(as) e ficarem conscientes;

- Use a economia circular como ferramenta para continuar enfrentando os desafios da sustentabilidade: meu palpite é que essa é a chave para qualquer negócio, cidade, projeto e que tem ganhado destaque como uma abordagem promissora para enfrentarmos os desafios do futuro e reduzirmos o impacto negativo das atividades empresariais no meio ambiente. A circularidade busca maximizar o valor dos recursos, prolongando o ciclo de vida e reduzindo a geração de resíduos e o desperdício de materiais, além de estimular uma mudança profunda na forma de fazer negócios;

- Avalie e reavalie a sua cadeia de suprimentos/fornecedores, que é uma área chave de transformação e por onde você poderá descobrir grandes oportunidades;

- Identifique pontos de desperdício em seus processos, ineficiências e oportunidades em todas as etapas, desde a compra, produção ou obtenção de matérias-primas/insumos até a entrega do produto, além dos próprios insumos e processos internos;

- Reduza, reutilize e recicle, parece um clichê, mas, seguindo esse princípio no momento da concepção de qualquer projeto ou produto, busque reduzir o consumo de recursos, desenvolver produtos duráveis e com menor impacto ambiental. Incentive a reutilização de materiais e componentes e estabeleça práticas eficientes de reciclagem;

- Promova a colaboração e parcerias estratégicas com fornecedores, clientes, concorrentes e organizações da sociedade civil. Pode soar estranho, mas se sentar para discutir os temas de sustentabilidade com a concorrência perpassa a competitividade e é uma forma excelente de avançarmos como sociedade, é o fazer junto além das portas da empresa;
- Estabeleça métricas claras para monitorar o progresso e os resultados da sustentabilidade. Avalie o desempenho ambiental, social e econômico, identifique áreas de melhoria e comunique de forma transparente.

E, por fim, a dimensão social é de extrema importância para qualquer projeto que você fará. Isso inclui: diversidade e inclusão, saúde e segurança dos colaboradores/as, relações de trabalho justas e aspectos relacionados ao bem-estar. O sucesso das empresas não deve ser medido apenas pelos aspectos ambientais e econômicos, mas também pelo impacto positivo, o legado que elas têm nas comunidades em que operam e nas vidas das pessoas afetadas por suas operações.

Transformar, convencer e seguir forte na jornada

E como nem tudo é fácil, meus maiores desafios surgiam quando me deparava com pessoas que não acreditavam no potencial transformador dos projetos de sustentabilidade. Cada vez que me via diante de resistência, aprendi a utilizar diferentes estratégias de convencimento. Descobri que o poder de convencer pode se manifestar de diversas formas, desde demonstrar como projetos poderiam gerar economia, até evidenciar como os processos poderiam ser aprimorados e como fidelizar os clientes e, consequentemente, os acionistas responderem positivamente. Apresentar argumentos sólidos, embasados em dados, é a chave para conquistar o apoio e o engajamento dos que não acreditam na importância do tema. Acreditar na capacidade de transformação é fundamental, e essa crença, aliada ao poder de convencimento, nos permite superar desafios e avançar rumo a um futuro mais sustentável.

É importante manifestar minha profunda gratidão, pois nesta vida nada se faz sozinho(a) e eu tive a sorte de, ao longo da minha carreira, sempre estar cercada e poder contar com times de alta performance e que para além do conhecimento técnico possuíam habilidades interpessoais excepcionais. Não apenas os times que atuaram e atuam comigo, mas as demais áreas que participaram dos projetos, porque é sempre bom lembrar que sustentabilidade não se faz dentro de uma única área. Além disso, sou grata por ter uma família maravilhosa ao meu lado, que sempre me apoiou e apoia em qualquer jornada.

Com empatia, assertividade e visão de longo prazo conquistaremos a confiança de todos. A cada desafio enfrentado, fortaleceremos nossa capacidade de transformar e, assim, caminharmos e seguirmos fortes na direção de empresas e sociedades mais responsáveis.

ESG tem o propósito de cuidar de quem cuida e falhamos em entender esta premissa

Viviane Elias Moreira

Mais de 15 anos de experiência em gerenciamento de riscos e crises corporativas, resiliência corporativa (gestão de continuidade de negócios), gestão de operações e controles internos.

C-level, integrante de conselhos consultivos, comitês de riscos, auditoria e ESG, é certificada na 6.ª turma do Programa de Diversidade em Conselhos do IBGC, 2.ª turma de formação em Conselho de Administração do programa de igualdade racial do IBGC, Zumbi dos Palmares e B3, Alumni turma 1 do Conselheiras 101, associada ao Women Corporate Directors e certificações nacionais e internacionais do segmento de gestão de riscos e resiliência corporativa.

Professora de cursos de MBA, é coautora do livro "ESG – O cisne verde e o capitalismo de stakeholders" (1.ª e 2.ª edição) e colunista do site Mundo Negro e Meio & Mensagem. Atuação em grupos nacionais e internacionais com foco em D&I.

Imagine a seguinte cena: Rose, VP de ESG de um banco, vai conferir o resumo das notícias do dia que são:

- Negócios: Volkswagen admite que no ano de 2015 manipulou os resultados de emissões em seus veículos a diesel para atender a padrões regulatórios*;

- Sociedade: Em 2021, a empresa Tesla enfrentou acusações de discriminação racial e práticas inadequadas no ambiente de trabalho com repercussões negativas**;

- Meio ambiente: A Samarco, joint venture entre a brasileira Vale e a anglo-australiana BHP Billiton, enfrentou um dos maiores desastres ambientais no Brasil em 2015***.

Rose se questiona onde estão os resultados das ações ligadas a ESG tão propagadas em grandes eventos, premiações e tantas horas de estudos dedicados ao tema por ela e os profissionais que atuam no mesmo segmento?

Esta sensação de um misto dos sentimentos de frustração e questionamentos sem respostas não é somente uma dor latente da Rose. Ela é compartilhada por muitos de nós, e possivelmente por você, caro leitor, ao ler os parágrafos iniciais deste capitulo. E este sentimento é compartilhado tão somente porque, assim como a Rose, nós compreendemos que adotar o ESG é, na verdade, um ato de cuidado. ESG é o cuidar de quem cuida das empresas.

ESG tem como premissa principal a conscientização das empresas e seu papel vital em moldar o mundo ao seu redor. O cuidar de quem cuida do ESG é uma maneira de expressar responsabilidade para com as gerações futuras, garantindo que o mundo que deixamos para trás seja mais sustentável, equilibrado, diverso, ético e responsável, este cuidar vai além das fronteiras da empresa e alcança o âmbito pessoal, ou seja, o ESG cuida de você.

Ao pensarmos dessa forma, quando falamos sobre temas ligados à saúde do planeta, das comunidades e das organizações estamos provando que estes assuntos estão intrinsecamente ligados à saúde individual, mental e de bem-estar de cada uma das pessoas que hoje estão vivendo/sobrevivendo em nosso planeta. Ao adotar práticas ESG, nós, a Rose, seus colegas de profissão e seus seguidores estamos construindo um legado não apenas para a sociedade, mas também para nós mesmos. A nova dimensão de cuidado baseado em investimentos em bem-estar, consciência coletiva e na contribuição para um mundo melhor. E é aqui que estamos falhando miseravelmente até este momento.

As falhas dos processos que adotamos como "as usual" no passado nos trouxeram ao cenário de resultados superficiais que vivemos no presente

Neste momento, caro leitor, vale uma ressalva importante para a continuidade da leitura deste capitulo: este texto não é uma crítica aos profissionais e boas práticas de ESG, às grandes corporações e grupos de investimentos, nem mesmo às ações adotadas e amplamente divulgadas em relatórios de sustentabilidade. Eu realmente acredito que a aplicabilidade das boas práticas de ESG é um caminho sem volta para todos.

O que proponho é uma reflexão sobre a real intencionalidade e compromisso das pessoas que estão em posições que viabilizam as mudanças reais corporativas e utilizam ESG como modismo e faço um chamado urgente para recalcularmos a rota sobre o que fizemos até aqui e como devemos rever estas ações com a maior celeridade possível, pois o planeta, a ética e a sociedade não têm mais tempo para esperar a aprendizagem, que tem começo, mas não tem fim para alguns.

Como tangibilizar os resultados de ESG quando as ações são pontuais, com orçamentos mínimos se comparados com os de algumas outras áreas e são resumidos em *"must have"* após decisões em fóruns globais pela liderança que construíram as falhas processuais do passado?

Falar sobre ambiental, sociedade e governança não é um tema novo e o copo meio vazio é que recalcular a rota agora será mais trabalhoso e irá requerer mais comprometimento e investimento de todos e, por outro lado, o copo meio cheio é que temos profissionais capacitados e pessoas comprometidas em fazer acontecer da forma correta neste atual momento da sociedade em que vivemos. Fábio Barbosa, uma das lideranças mais importantes que temos no país e que acompanho há anos como uma referência positiva, disse: *"As pessoas fazem o que fazem por 3 Cs. Convicção, conveniência e constrangimento"*. ***

À medida que nos aprofundamos na integração do ESG nas práticas corporativas, surge uma narrativa fascinante que transcende a mera aplicação de métricas e indicadores. Notamos que, até o momento, a maioria das organizações vem atuando na temática de ESG utilizando essencialmente 2 Cs: conveniência e constrangimento. Conseguimos afirmar de forma qualitativa este ponto dados os números crescentes de casos diários sobre escândalos corporativos, acidentes ambientais, casos de discriminação e preconceitos ligados a empresas e o aumento considerável de notas públicas de posicionamento que vem deixando as áreas jurídicas, de *compliance*, de comunicação e de gestão de crises muitas horas em *"war rooms"*.

Os líderes empresariais, de forma coletiva e não pontual, que buscam transformar seus negócios em agentes de mudança precisam entender que ESG é uma expressão *TÉCNICA* do cuidar de quem cuida. A parte técnica que estamos falando neste momento e sobre o entendimento destes líderes é seu papel e responsabilidade garantir que o "C" de convicção se torne um valor inegociável em sua cultura corporativa. O líder que não adotar este ponto de forma estratégica irá continuar gastando tempo, conhecimento e dinheiro para remediar o remediável e gerindo crises institucionais.

A convicção vem quando entendemos que falar sobre meio ambiente, o "E", é desafiar as organizações a repensarem seus impactos ao ecossistema, através da adoção de práticas sustentáveis não apenas para atendimento a uma auditoria pontual ou uma obrigatoriedade legal, mas como uma demonstração clara de responsabilidade de proteger ecossistemas vitais.

A convicção vem quando o "S" se tangibilizar em ações direcionadas à sociedade e sua pluralidade e não ficar mascarada como "S" de sustentabilidade ou em ações de assistencialismo. Tratar o "S" com convicção é uma técnica inclusiva para promover mudanças positivas nas comunidades, desenvolvendo estratégias de diversidade e inclusão com a real intencionalidade de enriquecer a força de trabalho com perspectivas diversas e inovadoras.

A convicção vem quando a governança, representada pelo "G", se torna a espinha dorsal que sustenta todas as operações de uma organização, pois ela estabelece os princípios éticos que garantam a transparência, a responsabilidade e a equidade.

O termo "ESGwashing" refere-se à prática de adotar medidas de responsabilidade ambiental, social e de governança de maneira superficial e cosmética, sem a real intenção de efetivas mudanças substanciais nos processos de negócios e com o objetivo único de aparência.

Adotar práticas de "ESGwashing" é prejudicial e tentador. Prejudicial porque estas práticas literalmente impactam vidas (para o bem e para o mal) e tentador porque viabiliza a falsa sensação de segurança para que as empresas adotem estas práticas como uma estratégia para melhorar sua imagem, o que sabemos que é uma estratégia superficial. Eu sou um exemplo de impactos negativos que vivências realizadas com base no "ESGwashing" no mundo corporativo podem causar. E possivelmente você também.

"ESGwashing" também impacta a cultura corporativa, pois quando as partes interessadas internas percebem que as iniciativas ESG são apenas fachadas e apresentam inconsistências, o "match" de conexão e o sentimento de pertencimento, comprometimento com a marca empregadora e a cultura organizacional são diretamente afetados.

São exemplos práticos das minhas vivências em processos com aplicabilidade de ESGwashing:

- Adotar ações de suporte social pontuais somente se houver a premissa/contrapartida de ter a marca da organização em destaque em ações de marketing futuras;
- Ser um profissional diverso e ser chamado para eventos (internos ou externos à empresa) somente para falar sobre temas de diversidade e inclusão e não sobre a sua expertise;
- Apresentações corporativas sem indicadores relacionados aos canais de denúncia, principalmente sobre os temas ligados a assédio, discriminação ou conflitos de interesses;
- Recomendação de projetos de contenção de custos corporativos, corte ou redução de privilégios de C-level e a tomada de decisão final é o "desligamento" em massa das áreas operacionais;
- Expor em ações de marketing e relatórios pessoais que se adequem ao "perfil social de caridade" aceito no Brasil: crianças, mães solo ou pessoas da comunidade

LGBTQIAP+, pretas, pessoas em situação de rua ou alocadas em locais de vulnerabilidade social, reforçando o estereótipo social (rótulos) destas pessoas;

- Divulgação de prêmios por atuações em causas ligadas aos pilares de ESG e atrasar pagamento de fornecedores, não ter representatividade nos postos de alta liderança ou em conselhos, aprovar desligamento de mulheres após o retorno de licença-maternidade e manter em sua estrutura organizacional líderes que são conhecidos por histórico de assédios.

Confesso que poderia montar um capítulo inteiro somente com exemplos como esses. Sou uma mulher preta, 40+, nascida em uma região periférica de São Paulo, com o início da minha história corporativa aos 13 anos como entregadora de panfletos e atualmente ocupando cargos de diretoria/C-level em empresas, atuando em conselhos e comitês, professora e coautora de livros sobre o tema, afirmo que os impactos que o "ESGwashing" causaram em mim e a pessoas com histórico/perfil parecido com o meu é real e continuam ativos nos processos organizacionais, mesmo que muitas vezes de forma menos óbvia que no passado.

De forma a colaborar a busca da solução, ou copo meio cheio, minha primeira recomendação é que se entenda de forma clara o detalhamento das 3 etapas que constroem o "ESGwashing":

1. *"Governancewashing"*, que basicamente é a criação de estruturas de governança de fachada, sem uma efetiva transparência nas operações internas. Exemplos: falta de prestação de contas, criando brechas nas tomadas de decisões, ausência de programa de gestão de riscos e resiliência corporativa, ausência de mecanismos robustos para identificar e corrigir questões éticas, falta de rigor nas práticas de governança, criando possíveis casos de corrupção e fraude;

2. *"Socialwashing"*, aplicados por empresas que reconhecem

a crescente importância de práticas sociais responsáveis, mas as utilizando somente de forma pontual e mercadológica. Exemplos: processos seletivos sem representantes de pessoas diversas, processos de gentrificação aplicados em projetos, inconsistências nas práticas de gestão de talentos internos e recursos humanos, falhas na implementação de políticas de diversidade e práticas discriminatórias adotadas pelos representantes legais da empresa. Faz parte do Socialwashing, a prática de "diversitywashing", termo cunhado e amplamente estudado por Liliane Rocha, da Gestão Kairós****.

5. **"Greenwashing"**, que é a prática na qual uma empresa objetiva a construção de uma imagem ecologicamente responsável perante as suas partes interessadas. Exemplos: uso de rótulos ambientais e campanhas publicitárias enganosas para atração de consumidores preocupados com o meio ambiente, ações internas pontuais sobre o tema para os colaboradores, processos com somente uma parte adequada à mitigação de impactos ambientais e declarações vagas sobre compromissos com a sustentabilidade, sem uma base quantitativa e qualitativa para sustentá-las.

Outra contribuição é entender que o cuidado que o ESG propõe é sobre vidas (incluindo a sua). As frases abaixo, que foram anonimizadas a pedido dos autores, capturam a dor e a frustração de experiências profundas e impactantes de pessoas que experimentaram os efeitos negativos da adoção do ESGwashing:

- *"Não somos apenas estatísticas em um relatório. Somos uma comunidade inteira cujas vidas foram despedaçadas pela ganância e negligência de pessoas que se quer estiveram presencialmente aqui, após o incidente. Se resumiram unicamente em precificar as vidas perdidas em cestas básicas e colchões."* Vítima de um desastre ambiental;

- *"Crescer sendo alvo de estereótipos que foram definidos em um passado tão distante que não sei nem detalhar o porquê de suas razões, mas levam até hoje a mim e minha família a viver sob olhares julgadores é uma ferida que nunca cicatriza completamente. O preconceito deixa marcas invisíveis, mas profundas."* Vítima de discriminação racial em uma empresa;
- *"Me sinto em um campo minado todos os dias. As regras não são claras e as consequências são imprevisíveis, mas sabemos que esta ausência de governança faz: a corda sempre estoura de um lado só"*. Colaborador de uma empresa após avaliação da governança da sua empresa.

Feche os olhos e pense: você consegue lembrar-se de pessoas próximas a você, seus amigos ou familiares que se enquadrariam nessas falas?

Minha última contribuição sobre o tema: evitar o ESGwashing nos processos de negócios e na vida requer uma abordagem prática e contínua. Desafio vocês, leitores, a criarem uma rotina ligada ao desconforto. Isso mesmo, o desconforto que gera um olhar crítico e questionador diante das ações ligadas a ESG que lotam nosso e-mail corporativo e estão presentes nas colunas, podcasts, webinares e eventos de que participamos.

O desconforto do bem para viabilizar a verdadeira mudança que virá de ações autênticas e compromissos tangíveis, o que podemos resumir em uma única palavra, que nem é inédita neste texto: INTENCIONALIDADE. Não há mais espaço para abordagens lentas, disfarçadas e muitas vezes cínicas sobre o tema, objetivando os likes e o lucro imediato.

O desconforto do bem, onde refletimos sobre o nosso papel como partes interessadas convictas, capazes de discernir entre a genuína responsabilidade de cuidar de quem cuida que o ESG nos propõe ou continuamos vivendo de "fachada ilusória" que nos afeta hoje e continuará afetando os nossos afetos se não mudarmos, juntos e rapidamente, o que estamos fazendo pelo mundo neste momento.

Fontes

*Fonte: Volkswagen é multada por fraude em testes de emissão de poluentes. Revista Exame. Autores: Andreas Cremer e Jan Schwartz, da Reuters. Disponível em: https://exame.com/negocios/volkswagen-e-multada-por-fraude-em-testes-de-emissao-de-poluentes/. Publicação: 13/06/2018. Último acesso: 17/01/2024 às 13h00.

** Fonte: EUA processam Tesla por suposto abuso racial generalizado contra funcionários negros. Portal Terra. Autora: Barbara Câmara. Disponível em: https://www.terra.com.br/noticias/eua-processam-tesla-por-suposto-abuso-racial-generalizado-contra-funcionarios-negros,8931262c52647e-448c31751e788e4400mys9aqqm.html?utm_source=clipboard . Publicação: 02/10/2023. Último acesso: 17/01/2024 às 14h00.

***Fonte: Tragédia com barragem da Vale em Brumadinho pode ser a pior no mundo em 3 décadas. Autora: Nathalia Passarinho. Disponível em: https://www.bbc.com/portuguese/brasil-47034499#:~:text=Se%20o%20rompimento%20em%20Brumadinho,provocado%20por%20vazamento%20de%20min%C3%A9rio. Publicação: 29/01/2019. Último acesso:18/01/2024 às 9h00.

**** Fonte: 3 Cs e a nova equação para negócios do futuro. Autora: Marina Spínola. Diário do comercio. Disponível em: https://diariodocomercio.com.br/opiniao/coluna/3-cs-e-a-nova-equacao-para-negocios-do-futuro/#gref . Publicação: 23/08/2024. Último acesso: 18/01/2024 às 11h00.

***** Livro: Como ser uma liderança inclusiva: fuja do diversitywashing e valorize a diversidade. Autora: Liliane Rocha. Scortecci Editora. 1ª ed. – 2023.

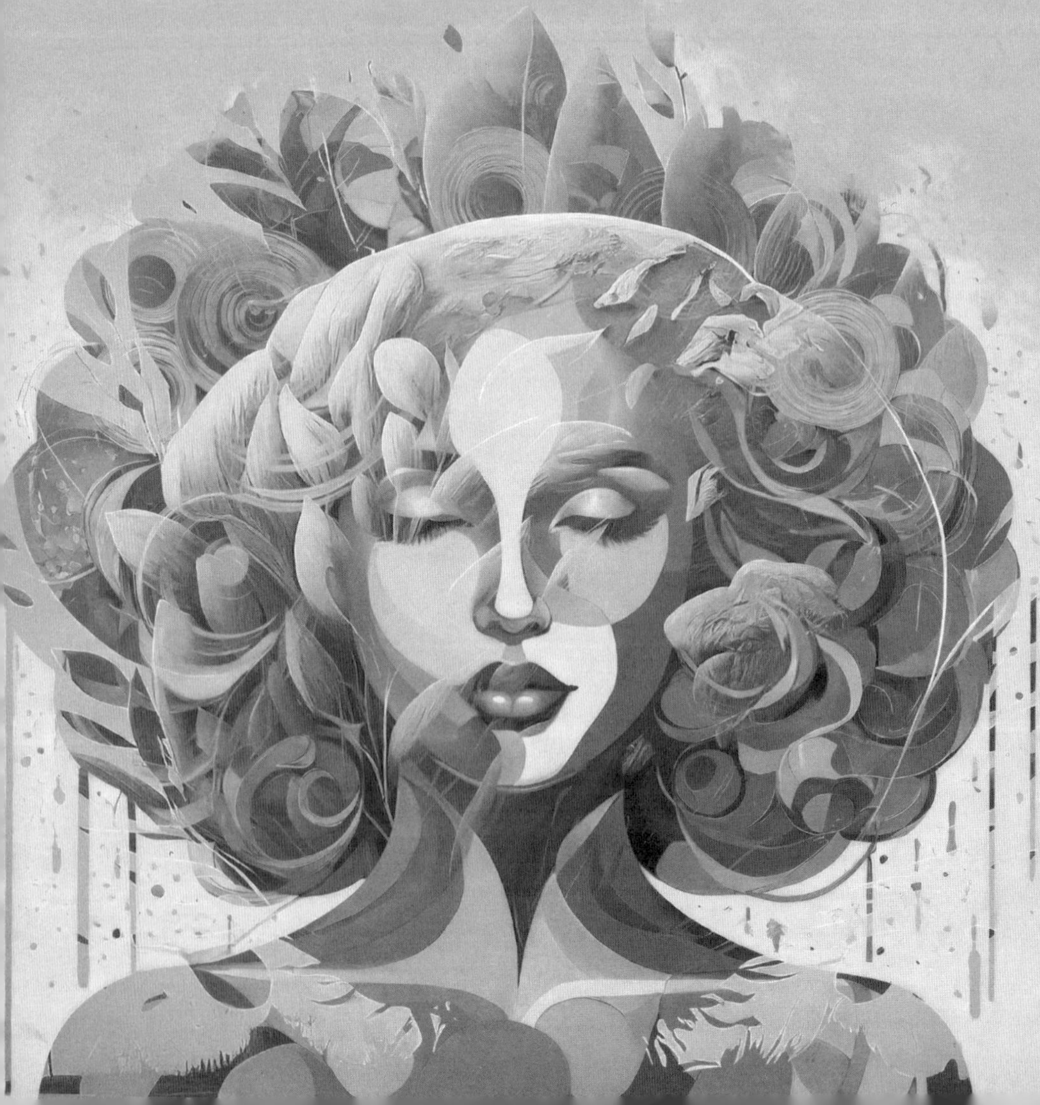

Andréia Roma

Empoderamento através das palavras: o impacto do Selo Editorial Série Mulheres®

Cada passo que damos em direção à mudança é uma história que escrevemos para inspirar o mundo; nunca subestime o poder de uma única voz para ecoar através das gerações.
Andréia Roma.

Em um mundo onde a representação e a voz das mulheres continuam a ser uma luta constante, o Selo Editorial Série Mulheres® emerge como um farol de esperança e um poderoso instrumento de mudança. Desde sua criação, este selo tem sido uma plataforma onde mulheres de diversas áreas e profissões podem compartilhar suas histórias e inspirações, ajudando a moldar uma nova geração de leitoras e líderes.

A Trajetória Inspiradora:

Nossa jornada começou em 2014 e lançamos nosso primeiro livro em 2015, com a publicação de um livro que reuniu um grupo de mulheres determinadas a compartilhar suas experiências e inspirar outras. O sucesso deste primeiro projeto não apenas confirmou a necessidade de uma plataforma dedicada às histórias femininas, mas também pavimentou o caminho para uma série de publicações que continuam a enriquecer o panorama literário brasileiro.

Reconhecimento e Registro Global:

Somos referência no Brasil em iniciativas femininas no mundo editorial, com o Selo Editorial Série Mulheres registrado em mais de 170 países. Este reconhecimento internacional não é apenas um marco de nosso sucesso, mas também uma garantia de que as histórias de mulheres brasileiras estão alcançando e influenciando pessoas em todo o mundo.

Inovação e Proteção:

Destacamos nossa inovação ao sermos a única editora no Brasil a patentear mais de 200 títulos de livros, dedicados a mulheres em diversas áreas e profissões. Esse compromisso com a proteção não se limita apenas aos títulos, mas se estende à estrutura de cada obra, preservando a reputação e a integridade das autoras. Cada título e estrutura são registrados não só no Brasil, mas também em um total de 182 países, garantindo assim direitos exclusivos e proteção contra plágios internacionalmente.

Impacto e Metodologia:

A cada livro publicado, trazemos casos e metodologias criadas por mulheres que se destacaram em suas áreas, assumindo protagonismo e reconhecendo o poder de suas próprias histórias. Toda mulher tem uma história — uma narrativa de sonhos, desafios, dilemas, receios e, claro, estratégias e celebrações.

Expansão e o Instituto Série Mulheres:

Em 2023, inspirados pelo sucesso do Selo Editorial Série Mulheres, foi criado o Instituto Série Mulheres, uma ONG dedicada a valorizar ainda mais a presença feminina na nossa literatura e na sociedade. Através deste Instituto, continuamos a missão de proporcionar oportunidades para que um número cada vez maior de mulheres possa ascender na literatura brasileira, honrando suas histórias e contribuições.

Conclusão:

O Selo Editorial Série Mulheres e o Instituto Série Mulheres representam mais do que apenas plataformas para publicação. Eles são espaços de empoderamento, aprendizado e inspiração. Ao destacar e reconhecer o valor da mulher na literatura, estamos não apenas enriquecendo o acervo cultural do país, mas também contribuindo para a construção de uma sociedade mais igualitária e rica em diversidade.

Inovação e Proteção:

Destacamos nossa inovação ao sermos a única editora no Brasil a patentear mais de 200 títulos de livros, a maioria dedicada a mulheres em diversas áreas e profissões. Esse compromisso com a proteção não se limita apenas aos títulos, mas se estende à estrutura de cada obra, preservando a reputação e a integridade das autoras. Cada título e estrutura são registrados não só no Brasil, mas também em um total de 182 países, garantindo assim direitos exclusivos e proteção contra plágios internacionalmente. Além disso, as autoras envolvidas em nossos projetos têm suas contribuições exclusivamente ligadas a nós, de modo que a história contada por elas não pode ser replicada com semelhança em outros projetos, assegurando a singularidade e a originalidade de cada narrativa publicada sob nosso selo.

O poder de uma MENTORIA

uma aula na prática

Andréia Roma

Quem sou eu?

Sou a menina de oito anos que não tinha dinheiro para comprar livros.

Existe um grande processo de ensinamento em nossas vidas.
Alguém que não tinha condições financeiras de comprar livros,
para alguém que publica livros e realiza sonhos.

Sou a mulher que encontrou seu poder e entendeu que podia auxiliar mais pessoas a se descobrirem.

E você, quem é?
Qual o seu poder?

Entendi que com meu superpoder posso transformar meu tempo.

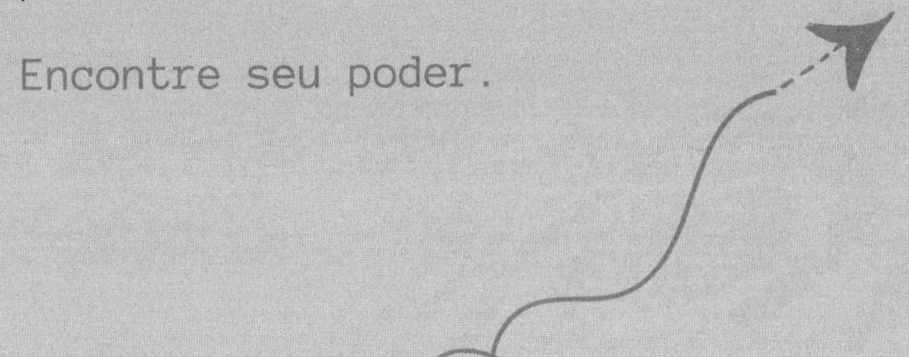

Encontre seu poder.

"Este é um convite para você deixar sua marca. Um livro muda tudo!"

Andréia Roma

Direitos autorais:
respeito e ética em relação a ideias criadas

CERTIFICADO DE REGISTRO DE DIREITO AUTORAL

A Câmara Brasileira do Livro certifica que a obra intelectual descrita abaixo, encontra-se registrada nos termos e normas legais da Lei nº 9.610/1998 dos Direitos Autorais do Brasil. Conforme determinação legal, a obra aqui registrada não pode ser plagiada, utilizada, reproduzida ou divulgada sem a autorização de seu(s) autor(es).

Responsável pela Solicitação:
Editora Leader

Participante(s):
Andréia Roma (Coordenador) | Dani Verdugo (Coordenador) | Juliana Nascimento (Coordenador)

Título:
Mulheres ESG : cases na prática : edição poder de uma mentoria, volume I

Data do Registro:
17/07/2024 10:46:38

Hash da transação:
0x81108fcd9707bfd748b3c7bbbd47c25ddfb42a68540df194099ff56f2a780d31

Hash do documento:
9d0a692f82e9a23c4dd6bd4718037e01bf600f3f16aa029bb797964bb48c1a6a

clique para acessar a versão online

Compartilhe nas redes sociais

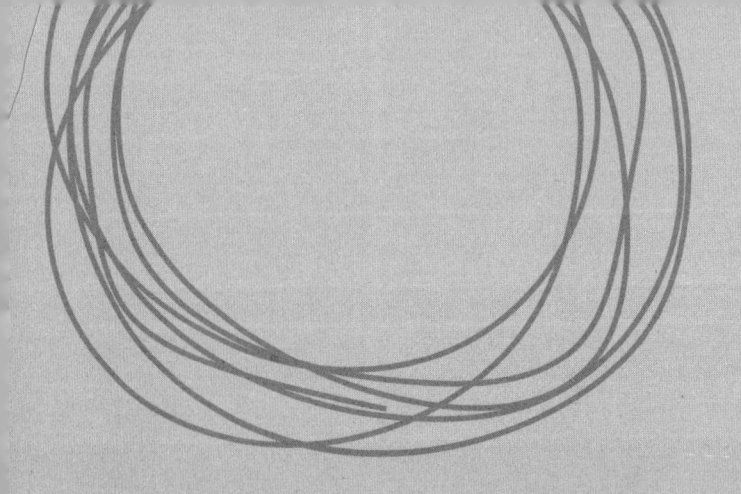

Os livros coletivos nesta
linha de histórias e
mentorias são um conceito
criado pela Editora Leader,
com propriedade intelectual
registrada e publicada,
desta forma, é proibida
a reprodução e cópia
para criação de outros
livros, a qualquer título,
lembrando que o nome do
livro é simplesmente um dos
requisitos que representam
o projeto como um todo,
sendo este garantido como
propriedade intelectual nos
moldes da LEI Nº 9.279, DE
14 DE MAIO DE 1996.

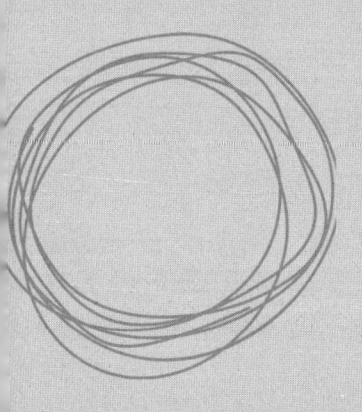

Exclusividade:

A Editora Leader tem como
viés a exclusividade de
livros publicados com volumes
em todas as temáticas
apresentadas, trabalhamos a
área dentro de cada setor
e segmento com roteiros
personalizados para cada
especificidade apresentada.

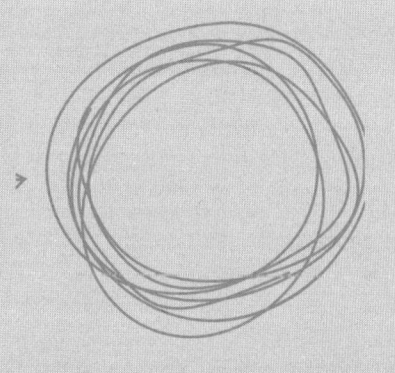

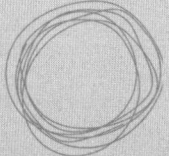

"Livros não mudam o mundo, quem muda o mundo são as pessoas. Os livros só mudam as pessoas."

Mário Quintana

"Somos o resultado dos livros que lemos, das viagens que fazemos e das pessoas que amamos".

Airton Ortiz

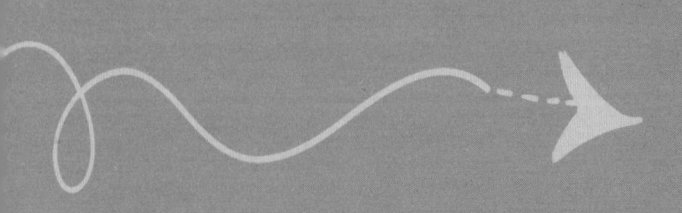

Olá, sou **Andréia Roma**, CEO da Editora Leader e Influenciadora Editorial.

Vamos transformar seus talentos e habilidades em uma aula prática.

Benefícios do apoio ao Selo Série Mulheres

Ao apoiar livros que fazem parte do Selo Editorial Série Mulheres, uma empresa pode obter vários benefícios, incluindo:

- **Fortalecimento da imagem de marca:** ao associar sua marca a iniciativas que promovem a equidade de gênero e a inclusão, a empresa demonstra seu compromisso com valores sociais e a responsabilidade corporativa. Isso pode melhorar a percepção do público em relação à empresa e fortalecer sua imagem de marca.

- **Diferenciação competitiva:** ao apoiar um projeto editorial exclusivo como o Selo Editorial Série Mulheres, a empresa se destaca de seus concorrentes, demonstrando seu compromisso em amplificar vozes femininas e promover a diversidade. Isso pode ajudar a empresa a se posicionar como líder e referência em sua indústria.

- **Acesso a um público engajado:** o Selo Editorial Série Mulheres já possui uma base de leitores e seguidores engajados que valoriza histórias e casos de mulheres. Ao patrocinar esses livros, a empresa tem a oportunidade de se conectar com esse público e aumentar seu alcance, ganhando visibilidade entre os apoiadores do projeto.

– **Impacto social positivo:** o patrocínio de livros que promovem a equidade de gênero e contam histórias inspiradoras de mulheres permite que a empresa faça parte de um movimento de mudança social positivo. Isso pode gerar um senso de propósito e orgulho entre os colaboradores e criar um impacto tangível na sociedade.

– *Networking* **e parcerias:** o envolvimento com o Selo Editorial Série Mulheres pode abrir portas para colaborações e parcerias com outras organizações e líderes que também apoiam a equidade de gênero. Isso pode criar oportunidades de *networking* valiosas e potencializar os esforços da empresa em direção à sustentabilidade e responsabilidade social.

É importante ressaltar que os benefícios podem variar de acordo com a estratégia e o público-alvo da empresa. Cada organização deve avaliar como o patrocínio desses livros se alinha aos seus valores, objetivos e necessidades específicas.

FAÇA PARTE DESTA HISTÓRIA
INSCREVA-SE

INICIAMOS UMA AÇÃO CHAMADA
MINHA EMPRESA ESTÁ COMPROMETIDA COM A CAUSA!

Nesta iniciativa escolhemos de cinco a dez empresas para apoiar esta causa.

SABIA QUE SUA EMPRESA PODE SER PATROCINADORA DA SÉRIE MULHERES, UMA COLEÇÃO INÉDITA DE LIVROS DIRECIONADO A VÁRIAS ÁREAS E PROFISSÕES?

Uma organização que investe na diversidade, equidade e inclusão olha para o futuro e pratica no agora.

Para mais informações de como ser um patrocinador de um dos livros da Série Mulheres escreva para: **contato@editoraleader.com.br**

ou

Acesse o link e preencha sua ficha de inscrição

Nota da Coordenação Jurídica do Selo Editorial Série Mulheres® da Editora Leader

A Coordenação Jurídica da Série Mulheres®, dentro do Selo Editorial da Editora Leader, considera fundamental destacar um ponto crucial relacionado à originalidade e ao respeito pelas criações intelectuais deste selo editorial. Qualquer livro com um tema semelhante à Série Mulheres®, que apresente notável semelhança com nosso projeto, pode ser caracterizado como plágio, de acordo com as leis de direitos autorais vigentes.

A Editora Leader, por meio do Selo Editorial Série Mulheres®, se orgulha do pioneirismo e do árduo trabalho investido em cada uma de suas obras. Nossas escritoras convidadas dedicam tempo e esforço significativos para dar vida a histórias, lições, aprendizados, cases e metodologias únicas que ressoam e alcançam diversos públicos.

Portanto, solicitamos respeitosamente a todas as mulheres convidadas para participar de projetos diferentes da Série Mulheres® que examinem cuidadosamente a originalidade de suas criações antes de aceitar escrever para projetos semelhantes.

É de extrema importância preservar a integridade das obras e apoiar os valores de respeito e valorização que a Editora Leader tem defendido no mercado por meio de seu pioneirismo. Para manter nosso propósito, contamos com a total colaboração de todas as nossas coautoras convidadas.

Além disso, é relevante destacar que a palavra "Mulheres" fora do contexto de livros é de domínio público. No entanto, o que estamos enfatizando aqui é a responsabilidade de registrar o tema "Mulheres" com uma área específica, dessa forma, o nome "Mulheres" deixa de ser público.

Evitar o plágio e a cópia de projetos já existentes não apenas protege os direitos autorais, mas também promove a inovação e a diversidade no mundo das histórias e da literatura, em um selo editorial que dá voz à mulher, registrando suas histórias na literatura.

Agradecemos a compreensão de todas e todos, no compromisso de manter a ética e a integridade em nossa indústria criativa. Fiquem atentas.

Atenciosamente,

Adriana Nascimento e toda a Equipe da Editora Leader
Coordenação Jurídica do Selo Editorial Série Mulheres

ANDRÉIA ROMA
CEO DA EDITORA LEADER

REGISTRE seu legado

A Editora Leader é a única editora comportamental do meio editorial e nasceu com o propósito de inovar nesse ramo de atividade. Durante anos pesquisamos o mercado e diversos segmentos e nos decidimos pela área comportamental através desses estudos. Acreditamos que com nossa experiência podemos fazer da leitura algo relevante com uma linguagem simples e prática, de forma que nossos leitores possam ter um salto de desenvolvimento por meio dos ensinamentos práticos e teóricos que uma obra pode oferecer.

Atuando com muito sucesso no mercado editorial, estamos nos consolidando cada vez mais graças ao foco em ser a editora que mais favorece a publicação de novos escritores, sendo reconhecida também como referência na elaboração de projetos Educacionais e Corporativos. A Leader foi agraciada mais de três vezes em menos de três anos pelo RankBrasil – Recordes Brasileiros, com prêmios literários. Já realizamos o sonho de numerosos escritores de todo o Brasil, dando todo o suporte para publicação de suas obras. Mas não nos limitamos às fronteiras brasileiras e por isso também contamos com autores em Portugal, Canadá, Estados Unidos e divulgações de livros em mais de 60 países.

Publicamos todos os gêneros literários. O nosso compromisso é apoiar todos os novos escritores, sem distinção, a realizar o sonho de publicar seu livro, dando-lhes o apoio necessário para se destacarem não somente como grandes escritores, mas para que seus livros se tornem um dia verdadeiros *best-sellers*.

A Editora Leader abre as portas para autores que queiram divulgar a sua marca e conteúdo por meio de livros...

EMPODERE-SE
Escolha a categoria que deseja

■ Autor de sua obra

Para quem deseja publicar a sua obra, buscando uma colocação no mercado editorial, desde que tenha expertise sobre o assunto abordado e que seja aprovado pela equipe editorial da Editora Leader.

■ Autor Acadêmico

Ótima opção para quem deseja publicar seu trabalho acadêmico. A Editora Leader faz toda a estruturação do texto, adequando o material ao livro, visando sempre seu público e objetivos.

■ Coautor Convidado

Você pode ser um coautor em uma de nossas obras, nos mais variados segmentos do mercado profissional, e ter o reconhecimento na sua área de atuação, fazendo parte de uma equipe de profissionais que escrevem sobre suas experiências e eternizam suas histórias. A Leader convida-o a compartilhar seu conhecimento com um público-alvo direcionado, além de lançá-lo como coautor em uma obra de circulação nacional.

■ Transforme sua apostila em livro

Se você tem uma apostila que utiliza para cursos, palestras ou aulas, tem em suas mãos praticamente o original de um livro. A equipe da Editora Leader faz toda a preparação de texto, adequando o que já é um sucesso para o mercado editorial, com uma linguagem prática e acessível. Seu público será multiplicado.

■ Biografia Empresarial

Sua empresa faz história e a Editora Leader publica.

A Biografia Empresarial é um diferencial importante para fortalecer o relacionamento com o mercado. Oferecer ao cliente/leitor a história da empresa é uma maneira ímpar de evidenciar os valores da companhia e divulgar a marca.

■ Grupo de Coautores

Já pensou em reunir um grupo de coautores dentro do seu segmento e convidá-los a dividir suas experiências e deixar seu legado em um livro? A Editora Leader oferece todo o suporte e direciona o trabalho para que o livro seja lançado e alcance o público certo, tornando-se sucesso no mercado editorial. Você pode ser o organizador da obra. Apresente sua ideia.

A Editora Leader transforma seu conteúdo e sua autoridade em livros.

OPORTUNIDADE
Seu legado começa aqui!

A Editora Leader, decidida a mudar o mercado e quebrar crenças no meio editorial, abre suas portas para os novos autores brasileiros, em concordância com sua missão, que é a descoberta de talentos no mercado.

NOSSA MISSÃO

Comprometimento com o resultado, excelência na prestação de serviços, ética, respeito e a busca constante da melhoria das relações humanas com o mundo corporativo e educacional. Oferecemos aos nossos autores a garantia de serviços com qualidade, compromisso e confiabilidade.

Publique com a Leader

- **PLANEJAMENTO** e estruturação de cada projeto, criando uma **ESTRATÉGIA** de **MARKETING** para cada segmento;

- **MENTORIA EDITORIAL** para todos os autores, com dicas e estratégias para construir seu livro do Zero. Pesquisamos o propósito e a resposta que o autor quer levar ao leitor final, estruturando essa comunicação na escrita e orientando sobre os melhores caminhos para isso. Somente na **LEADER** a **MENTORIA EDITORIAL** é realizada diretamente com a editora chefe, pois o foco é ser acessível e dirimir todas as dúvidas do autor com quem faz na prática!

- **SUPORTE PARA O AUTOR** em sessões de videoconferência com **METODOLOGIA DIFERENCIADA** da **EDITORA LEADER**;

- **DISTRIBUIÇÃO** em todo o Brasil — parceria com as melhores livrarias;

- **PROFISSIONAIS QUALIFICADOS** e comprometidos com o autor;

- **SEGMENTOS:** Coaching | Constelação | Liderança | Gestão de Pessoas | Empreendedorismo | Direito | Psicologia Positiva | Marketing | Biografia | Psicologia | entre outros.

www.editoraleader.com.br